30 x Experimentieren für 45 Minuten

Dr. Silke Kerscher-Hack

Fertige Stunden mit Kopiervorlagen für den Sachunterricht

Verlag an der Ruhr

Impressum

Titel

30 x Experimentieren für 45 Minuten – Klasse 2–4

Fertige Stunden mit Kopiervorlagen für den Sachunterricht

Autorin

Dr. Silke Kerscher-Hack

Titelbildmotive

Fotos: © Dr. Silke Kerscher-Hack; Uhr-Icon, Notizzettel: © Verlag an der Ruhr

Fotos/Illustrationen im Innenteil

Fotos: © Dr. Silke Kerscher-Hack;

Illustrationen Rahmen/Zettel, Ausrufezeichen: © Verlag an der Ruhr

Druck

AZ Druck und Datentechnik GmbH, Kempten, DE

Verlag an der Ruhr

Mülheim an der Ruhr

www.verlagruhr.de

Geeignet für die Klassen 2–4

ISBN 978-3-8346-3776-5

Inhaltsverzeichnis

*	Einfache Themen/Versuche
**	Mittelschwere Themen/Versuche
***	Anspruchsvolle Themen/Versuche

Vorwort

Warum ist der Himmel mittags blau? Wie trinken Blumen? Und wie funktioniert die Atmung? Kinder haben viele Fragen. Sie interessieren sich unvoreingenommen für die verschiedensten Phänomene und haben große Freude daran, diese zu erforschen. Naturwissenschaftliche Experimente sollten daher ihren Platz im Unterricht haben.

Dieses Buch bietet Ihnen 30 ausgearbeitete Stunden mit mehr als 17 Erweiterungen zu den folgenden Themenbereichen:

- Luft
- Wasser
- Ernährung
- Wetter
- Hitze und Kälte
- Magnetismus und Strom
- Körper und Gesundheit

Die Experimente zu den Themenbereichen sind abwechslungsreich gehalten und sollen bei den Kindern vor allem Freude an den Naturwissenschaften wecken. So finden Sie Ideen u. a. dazu, wie Sie Frischkäse selbst herstellen, eine Kerze Aufzug fahren lassen oder wie Sie eine Eismaschine einfach selber basteln können. Natürlich sind auch „klassische" Versuche wie Eisangeln oder das Gummibärchen-U-Boot enthalten.

Aufbau des Buches

Um Ihnen einen schnellen Überblick über den Schwierigkeitsgrad der Versuche in den einzelnen Kapiteln zu ermöglichen, habe ich jedes Kapitel mit *, ** oder *** gekennzeichnet. * steht dabei für einfache, ** für mittelschwere und *** für anspruchsvollere Themen bzw. Versuche, die etwas mehr Geschicklichkeit benötigen.

Jedes Kapitel enthält zwischen drei und sechs ausgearbeitete Unterrichtsstunden. Jede Schulstunde enthält

- eine kurze Einführung in die Stunde, mit der der Lehrer die Stunde einleiten kann („Darum geht's – kindgerecht erklärt"),
- Hintergrundwissen zum Versuch, welches einfach und gut verständlich erklärt wird,
- eine Erklärung, was beim Versuch passiert,
- eine Auflistung, wo das Phänomen in der Natur bzw. im Alltag vorkommt,
- Hinweise, wie Sie sich vorbereiten und welches Material Sie benötigen,
- einen Überblick zum Stundenverlauf,
- eine Versuchsbeschreibung mit vielen Bildern und häufig weiteren Anregungen
- sowie oftmals Tipps für Erweiterungen.

Tipps für den Unterricht

Die Versuche sind ungefährlich und lassen sich ab der 2. Klasse in einer oder zwei Schulstunden umsetzen. Auch im Rahmen einer Projektwoche oder AG können Sie die Versuche sehr gut durchführen. Natürlich können Sie die Experimente nach Belieben abwandeln und die Kinder allein oder in größeren/kleineren Gruppen als angegeben experimentieren lassen oder den Versuch selbst vorführen. Da die Stunden nicht aufeinander aufbauen, können Sie die Reihenfolge frei wählen.

Ich wünsche Ihnen und Ihren Schülern viel Vergnügen beim Ausprobieren der Angebote.

Dr. Silke Kerscher-Hack

---

* Aus Gründen der besseren Lesbarkeit haben wir in diesem Buch durchgehend die männliche Form verwendet. Natürlich sind damit auch immer Frauen und Mädchen gemeint, also Lehrerinnen, Schülerinnen etc.

Hinweise zum Umgang mit diesem Buch

Für das Buch „30 x Experimentieren für 45 Minuten" habe ich nur Versuche ausgewählt, die mit alltäglichen Materialien durchzuführen sind. Die Versuche sind einfach durchzuführen und frei von giftigen oder gefährlichen Substanzen. Dennoch lassen sich ein paar Gefahrenquellen nicht ganz ausschließen.

Weil die Fähigkeiten der Kinder stark variieren, sollten Sie – bevor Sie einen Versuch durchführen – immer die benötigten Materialien und die Versuchsbeschreibung genau lesen und sorgfältig prüfen, ob das Experiment für Ihre Schüler geeignet ist. Denn Sie wissen das Können Ihrer Klasse am besten einzuschätzen.

Ist aus Sicherheitsgründen die Hilfe eines Erwachsenen erforderlich, wird im Text darauf hingewiesen. Viele der Phänomene können die Schüler allein oder gemeinsam in der Gruppe erforschen. Wenn Sie jedoch der Ansicht sind, dass z. B. ein Versuch zu schwierig für Ihre Klasse ist, können Sie das Experiment auch vorführen und Ihre Klasse schaut zu bzw. unterstützt Sie bei einigen Arbeitsschritten.

Bei einigen Versuchen sollten die Schüler den Zahlenraum bis 1.000 und Abkürzungen wie ml, g etc. kennen. Ist dies nicht der Fall, agieren Sie als Lehrer unterstützend oder führen den Versuch gemeinsam mit der ganzen Klasse durch.

Der Experimentierbereich sollte immer frei von Hindernissen sein. Insbesondere sollten in der Nähe der Versuche keine Lebensmittel gelagert werden. Der Untergrund sollte fest und hitzeresistent sein.

Bei einigen Versuchen werden bestimmte **Gegenstände wie Stövchen, Teelichter oder Zündhölzer benötigt.** Bei der Durchführung dieser Experimente muss immer der Lehrer anwesend sein. Haare und Kleidung (z. B. Schals, Ärmel) müssen zudem weggebunden bzw. hochgekrempelt werden.

Besprechen Sie mit den Kindern vorher folgende Punkte:

- Die Kinder dürfen nie alleine Feuer machen. Es muss immer ein Lehrer dabei sein.
- Feuer ist gefährlich und kann zu Verbrennungen führen und Brände verursachen.

Als Hinweis für Ihre Schüler können Sie auch das **richtige Anzünden einer Kerze** erklären.

- Kerze muss sicher stehen.
- Haare, Kleidung wegbinden.
- Brennbare Gegenstände wie Taschentücher vom Tisch und Fußboden entfernen.
- Streichholz aus der Schachtel nehmen. Das Streichholz darf nicht abgebrochen sein.
- Schachtel schließen und sicher festhalten.
- Streichholz etwa in der Mitte anfassen.
- Streichholz waagrecht halten und vom Körper weg über die Schachtel streichen.
- Kerze anzünden.
- Brennendes Streichholz ausblasen, bevor es zu weit abgebrannt ist; nicht ausschütteln.
- Streichholz in einen Aschenbecher werfen.
- Evt. Teelicht unten an der Aluschale anfassen und vorsichtig unter ein Stövchen stellen.

Hinweise zum Umgang mit diesem Buch

Ebenso sollten Sie Ihre Schüler auf den **richtigen Umgang mit Messern, Nadeln und spitzen Scheren** hinweisen. Die Kinder sollten:

- konzentriert arbeiten und sich nicht ablenken lassen,
- Messer nicht offen liegen lassen,
- nicht mit Messern, Nadeln und Scheren herumlaufen,
- wenn es notwendig ist, die Messer sicher transportieren (nur mit der Spitze nach unten tragen).

Erklären Sie Ihren Schülern ebenfalls den richtigen **Umgang mit heißem Wasser**. Alternativ können Sie auch nur warmes Wasser verwenden.

Eine **Betaisadonna-Lösung** ist ein keimtötendes Medikament, das auf der Haut, Schleimhaut und Wunden angewendet wird. Nicht angewendet werden darf diese u. a. bei Schilddrüsenüberfunktion oder anderen Schilddrüsenerkrankungen oder bei einer Allergie gegen den Wirkstoff. Bei Fragen wird Sie Ihr Apotheker oder Arzt beraten. Lesen Sie vor der Versuchsdurchführung die Packungsbeilage und erkundigen Sie sich bei Ihren Schülern nach möglichen Krankheitsbildern diesbezüglich.

Rohrreiniger oder Spiritus sollten ausschließlich Sie bei den Versuchen hinzufügen. Bewahren Sie anschließend beides an Orten auf, an denen sie vor Ihren Schülern sicher sind. Die Kinder sollten das entsprechende Experiment nur unter Aufsicht eines Lehrers durchführen.

Machen Sie Ihre Schüler vor der Verwendung von konzentriertem **Essig, Spülmittel und Waschmittel** auf die Gefahren aufmerksam. Die Kinder sollten diese Substanzen nicht schlucken oder in die Augen reiben. Beachten Sie die Warnhinweise auf dem Etikett bzw. der Verpackung der Gegenstände.

Generell zu empfehlen ist eine **Schutzbrille**. Diese schützt die Augen vor Flüssigkeiten und sollte bei allen Versuchen getragen werden. Zu beachten ist, dass Schutzbrillen vor der Verwendung sauber und trocken sein müssen.

Beim Einsatz eines **Pürierstabes, eines Hammers und eines Seitenschneiders** sowie bei der Bearbeitung von Holz, Plastik oder Metall besteht immer auch die Gefahr, dass sich die Schüler verletzen. Beachten Sie immer auch die Erfahrung Ihrer Schüler. Besprechen Sie vorher den richtigen Umgang. Helfen Sie bei komplexeren/gefährlichen Arbeitsschritten oder führen Sie den Versuch vor und lassen Sie sich bei einigen Schritten unterstützen.

Batterien enthalten gesundheitsschädigende Chemikalien. Weisen Sie die Kinder auf den richtigen Umgang hin (z. B. keiner großen Hitze oder Wasser aussetzen, nicht öffnen, ausgelaufene Batterien nicht mit der bloßen Hand anfassen, richtige Entsorgung).

Sollte trotzdem einmal etwas passieren, finden Sie beispielsweise hier eine gute Übersicht zur **Ersten Hilfe:** www.drk.de/hilfe-in-deutschland/erste-hilfe/der-kleine-lebensretter.

Mini-Einheit: Experimente mit Luft*

Luft kann man sehen

Darum geht's – kindgerecht erklärt

Luft ist allgegenwärtig. Egal ob wir schlafen, frühstücken, in der Schule sitzen oder Hausaufgaben machen. Häufig setzen wir Luft jedoch mit „Nichts" gleich: sie ist unsichtbar und man kann sie nicht anfassen. Doch das ist nicht richtig. Wie kann man also Luft sichtbar machen?

Was beim Versuch passiert

Luft braucht Platz. Vermeintlich leere Plastikflaschen lassen sich daher nicht einfach zusammendrücken. Im Wasser steigt Luft nach oben an die Wasseroberfläche. Daher entweicht die Luft nicht, wenn die Kinder ein Glas senkrecht unter Wasser drücken: Sie ist im Glas eingesperrt und kein Wasser kann in das Glas – die eingesperrten Gummibärchen bleiben trocken. Halten die Kinder das Glas dagegen schräg, können die Luftblasen entweichen. Diese Luftblasen können die Kinder mit einem zweiten, mit Wasser gefüllten Glas einfangen. Auch in diesem Glas steigt die Luft nach oben, wo sie sich sammelt.

Wo das Phänomen vorkommt

Luft umgibt uns – egal, wo wir uns aufhalten. Sie ist für uns Menschen lebensnotwendig.

Kompetenzerwartungen

Obwohl Kinder Luft nicht sehen oder anfassen können, ist sie da: Luft braucht Platz, ist leichter als Wasser und manchmal kann man Luft sehen.

Materialliste pro Gruppe

- große Glasschüssel mit Wasser
- Aluschale (z. B. von einem Teelicht)
- mehrere Gummibärchen
- 2 Gläser
- Strohhalm
- Marmeladenglas mit Deckel
- Anleitung „Luft im Wasser sichtbar machen" (S. 10/11)

Das bereiten Sie vor

Stellen Sie die Materialien bereit. Kopieren Sie die Versuchsanleitung einmal pro Gruppe.

1. Luft kann man sehen

Stundenverlauf

Einstieg (5 Minuten)

Lesen Sie den Kindern folgende Geschichte vor: „Eva ist heute bei ihrer besten Freundin Anna eingeladen. Sie sitzen gerade an den Mathehausaufgaben, als Annas kleiner Bruder Paul in der Tür steht. ‚Ich kann ein Gummibärchen unter Wasser tauchen, ohne dass es nass wird', behauptet er und streckt seine rechte Hand mit einer Tüte Gummibärchen nach vorne. ‚Glaub ich nicht', antwortet Eva. ‚Wollen wir wetten?', sagt Paul. ‚Wenn ich Recht habe, helft ihr mir bei den Hausaufgaben.' – ‚Okay, und wenn es nicht klappt, bekommen wir die Tüte Gummibärchen', erwidert Anna."
Besprechen Sie die Geschichte zunächst kurz anhand der folgenden Fragen:

- „Gibt es Verständnisfragen?"
- „Was ist passiert?"
- „Habt ihr Vermutungen, wie Paul das Gummibärchen unter Wasser tauchen kann, ohne dass es nass wird?"

Arbeitsphase (35 Minuten)

Teilen Sie die Kinder in 4er-Gruppen und weisen Sie jedem Team einen Gruppentisch mit den benötigten Materialien und einer Versuchsanleitung zu. Die Kinder arbeiten nun gemeinsam anhand der Versuchsanleitung in den Gruppen weiter. Klären Sie während der Arbeitsphase die Fragen der Schüler und/oder unterstützen Sie die verschiedenen Gruppen aktiv bei der Durchführung des Versuchs.

Abschluss/Reflexion (5 Minuten)

Die Kinder finden sich im Sitzkreis zusammen. Erinnern Sie Ihre Schüler an die Geschichte vom Anfang der Stunde. Besprechen Sie gemeinsam, wie Paul es geschafft hat, das Gummibärchen unter Wasser zu tauchen, ohne dass es nass wird und wie das funktioniert. (Luft braucht Platz und steigt im Wasser nach oben. Im Glas ist Luft eingesperrt, dadurch kann kein Wasser hinein.)

➽ Erweiterung – Versuch „Luft in der Plastikflasche"

Auch der Versuch „Luft in der Plastikflasche" verdeutlicht schön, dass Luft nicht „Nichts" ist, sondern Platz benötigt.

Was beim Versuch passiert

Luft benötigt Platz, daher können die Kinder eine vermeintlich leere, zugeschraubte Plastikflasche nicht zusammendrücken. Oder einen Luftballon in der Flasche aufpusten. Möglich ist Letzteres nur, wenn die Luft durch ein Loch in der Flasche entweichen kann. Stülpen die Kinder einen Luftballon über die Flasche und drücken sie diese zusammen, können Sie sehr schön die Luft, die vorher in der Flasche war, sehen.

Materialliste pro Gruppe

- 1 bis 2 Plastikflaschen
- Luftballon
- Trichter
- etwas Knete
- Nadel
- Papierstreifen
- Anleitung „Luft in der Plastikflasche" (S. 12/13)

Luft im Wasser sichtbar machen (1/2)

Das braucht ihr:

- große Glasschüssel mit Wasser
- Aluschale, zum Beispiel Teelicht
- mehrere Gummibärchen
- Gläser
- Marmeladenglas mit Deckel
- Strohhalm

So geht es:

1. Taucht ein Glas senkrecht unter Wasser und kippt es anschließend etwas. Könnt ihr die Luft sehen?

2. Füllt ein Glas mit Wasser. Hierfür taucht ihr das Glas unter Wasser. Die Öffnung sollte zur Seite zeigen. Dreht nun das Glas so, dass die Öffnung unten ist. Nehmt ein zweites Glas, taucht es senkrecht unter Wasser und haltet es unterhalb des ersten Glases. Kippt das untere Glas etwas und fangt die Luft mit dem ersten Glas auf.

Fotos: Dr. Silke Kerscher-Hack | ISBN 978-3-8346-3776-5 | www.verlagruhr.de

Luft im Wasser sichtbar machen (2/2)

3. Setzt in die Aluschale ein Gummibärchen und lasst es auf dem Wasser schwimmen. Nehmt ein Glas, stülpt es über das Boot und drückt das Glas senkrecht ins Wasser. Erreicht ihr den Grund?

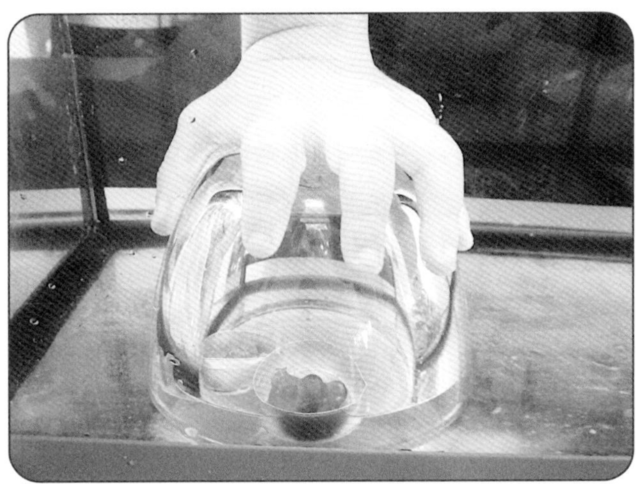

4. Ein Kind pustet in ein Marmeladenglas und schraubt es zu. Enthält das Glas nur ausgeatmete Luft?

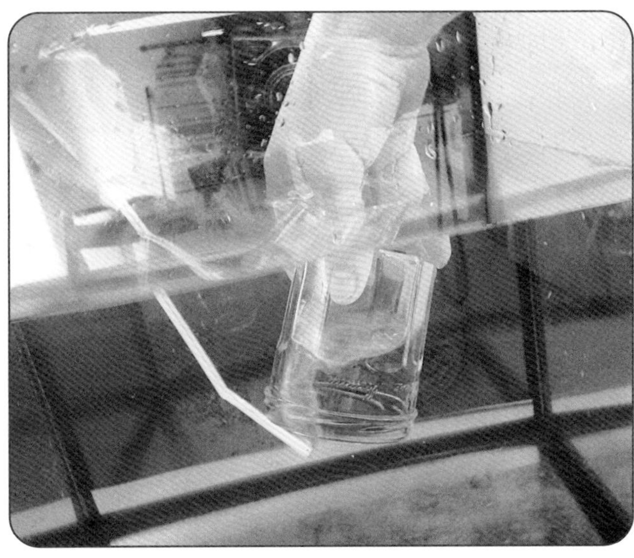

5. Ein zweites Kind taucht nun das offene Marmeladenglas unter Wasser. Die Öffnung sollte zur Seite zeigen. Nun dreht das Kind das Glas so, dass die Öffnung unten ist. Ein anderes Kind nimmt einen Strohhalm. Es knickt das kürzere Ende nach oben und hält die Öffnung unter das Glas. Das Kind pustet so lange, bis das Glas mit Luft voll ist. Anschließend schraubt das dritte Kind unter Wasser den Deckel auf das Glas. Enthält das Glas nur ausgeamtete Luft?

Fotos: Dr. Silke Kerscher-Hack | ISBN 978-3-8346-3776-5 | www.verlagruhr.de

Luft in der Plastikflasche (1/2)

Das braucht ihr:
- 1 bis 2 Plastikflaschen
- Luftballon
- Trichter
- etwas Knete, Nadel, Papierstreifen

So geht es:

1. Drückt eine zugeschraubte Plastikflasche mit Wasser so fest wie möglich zusammen. Leert nun das Wasser aus, schraubt den Deckel auf die Flasche und versucht erneut, diese zusammenzudrücken. Was stellt ihr fest?

2. Schraube die Flasche auf, stülpt einen Luftballon auf die Öffnung und drückt die Flasche erneut zusammen. Was passiert?

Fotos: Dr. Silke Kerscher-Hack | ISBN 978-3-8346-3776-5 | www.verlagruhr.de

Luft in der Plastikflasche (2/2)

3. Stülpt nun den Luftballon in die Flasche hinein. Könnt ihr ihn aufblasen?

4. Nehmt den Luftballon heraus und setzt einen Trichter auf die leere Flasche. Dichtet den Übergang vom Trichter zur Flasche an den Seiten mit Knete ab. Füllt den Trichter mit Wasser. Was beobachtet ihr?

5. Pikst mit der Nadel ein kleines Loch in die Flasche und haltet einen kleinen Papierstreifen vor das Loch. Was passiert? Versucht nun noch einmal, den Luftballon aufzublasen. Was stellt ihr fest?

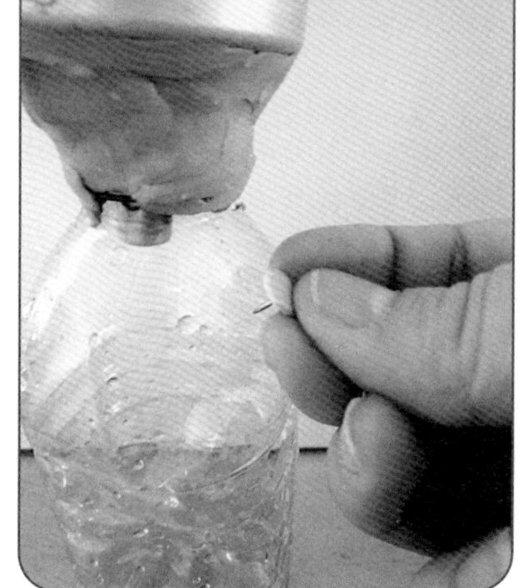

Tipp:
Vergrößert einfach das Loch, falls der Versuch nicht richtig funktioniert.

Fotos: Dr. Silke Kerscher-Hack | ISBN 978-3-8346-3776-5 | www.verlagruhr.de

2. Luft ist unterschiedlich

Darum geht's – kindgerecht erklärt

Auf den ersten Blick erscheint es, als ob Luft immer gleich ist: Sie ist durchsichtig und farblos. Und dennoch ist Luft nicht gleich Luft. Der erste Unterschied ist der Geruch: Beim Kochen riecht es nach Gebratenem, im Frühling nach frischen Blumen oder beim Rasenmähen nach frischem Gras.
Luft kann zudem unterschiedlich schwer sein. Kohlendioxid ist ein Bestandteil der Luft. Das ist ein Gas, das wir Menschen ausatmen, das aber auch bei Gärungen in Silos oder Weinkellern entsteht. Da es relativ schwer ist, sammelt es sich am Boden. Es ist daher Ursache vieler Unglücke. Denn atmet man zu viel Kohlendioxid ein, wird man bewusstlos und erstickt, wenn man nicht sofort an die frische Luft gebracht und beatmet wird. (Keine Angst, bei den heutigen Versuchen entstehen nur sehr geringe Mengen Kohlendioxid, die ungefährlich sind.)

Was beim Versuch passiert

Wenn Essig und Backpulver miteinander reagieren, entsteht Kohlendioxid. Dieses farblose und geruchlose Gas ist schwerer als Luft. Man sagt: Es hat eine höhere Dichte. Daher bleibt es unten im Glas und verdrängt die restliche Luft. Die Kerze erlischt, denn diese benötigt zum Brennen Sauerstoff.

Wo das Phänomen vorkommt

Unterschiedliche Gerüche liegen überall in der Luft, zum Beispiel im Schwimmbad, im Frühling, beim Kochen, nach einem Gewitter. Sichtbar wird auch, dass Luft unterschiedlich ist, wenn der Badespiegel nach dem Duschen/Baden beschlägt. Denn dann enthält Luft mehr Wasserdampf als vorher.

Kompetenzerwartungen

Die Kinder werden für das Thema Luft sensibilisert.
Sie erfahren, dass Luft sehr unterschiedlich sein kann.

Materialliste pro Klasse

- 2 große Gläser (z. B. Marmeladengläser)
- ein großes, ein mittleres und ein kleines Glas
- 3 Teelichter
- mehrere Packungen Backpulver
- etwas Essig
- Streichhölzer, am besten lang
- etwas Parfum oder ein ätherisches Öl
- Versuchsanleitung „Der selbst gebaute Feuerlöscher" (S. 16/17)

Zum Umgang mit offenem Feuer beachten Sie bitte die Hinweise zur Sicherheit im Kapitel „Hinweise zum Umgang mit diesem Buch".

Das bereiten Sie vor

Stellen Sie die Materialien bereit. Sprühen Sie in eines der beiden Marmeladengläser etwas Parfum oder ein ätherisches Öl. Kopieren Sie die Versuchsanleitung pro Kind einmal.

2. Luft ist unterschiedlich

Stundenverlauf

Einstieg (7 Minuten)

Die Kinder finden sich im Sitzkreis zusammen. Stellen Sie die beiden Marmeladengläser in die Mitte. Lassen Sie die Kinder beschreiben, was sie sehen. Gibt es Unterschiede? Erinnern Sie die Kinder daran, dass die Gläser nicht leer sind, sondern Luft enthalten ist. Geben Sie nun die zwei Gläser herum und lassen Sie die Kinder daran riechen. Wie riecht die Luft? Haben die Kinder Vermutungen, warum die Luft unterschiedlich riecht? Überlegen Sie gemeinsam mit den Kindern, ob Luft, obwohl sie gleich aussieht, auch unterschiedlich sein kann. Kennen die Kinder Beispiele aus dem Alltag?

Arbeitsphase (30 Minuten)

Die Kinder versammeln sich um einen großen Tisch mit den benötigten Materialien. Teilen Sie die Versuchsanleitung aus. Lassen Sie die Kinder, wenn möglich, selber experimentieren. Klären Sie während der Arbeitsphase die Fragen der Schüler und/oder unterstützen Sie sie aktiv bei der Durchführung des Versuchs, z. B. beim Experimentieren mit Feuer.

Abschluss/Reflexion (8 Minuten)

Die Kinder finden sich im Sitzkreis zusammen. Stellen Sie wieder die zwei Marmeladengläser in die Mitte. Was haben die Schüler bei ihren Versuchen beobachtet? Haben sie eine Idee, warum die Kerze ausgegangen ist? Sie überlegen gemeinsam, wie die Beobachtungen mit den zwei Marmeladengläsern vom Anfang der Stunde zusammenhängen.

Erweiterung – Versuch „Hier stinkts"

Nicht nur Kohlendioxid, sondern auch das Gas Ammoniak lässt sich gut „sichtbar" machen. Dieses stechend riechende Gas entsteht z. B. aus Hirschhornsalz, das beim Lebkuchenbacken verwendet wird, oder in der Landwirtschaft bei der Rinderhaltung.

Was beim Versuch passiert

Bei diesem Versuch verfärbt sich der Rotkohlsaft in dem Aluschälchen, das in dem Teeglas steht, durch das Ammoniak grünlich. Die Farbe des Saftes in dem Schälchen, das neben dem Stövchen steht, verändert sich nicht.

Materialliste pro Klasse

- Glas, das Hitze aushält (z. B. ein Teeglas)
- Stövchen, Herd
- Teelicht mit Zündhölzern
- etwas Hirschhornsalz
- etwas Pottasche (Kaliumkarbonat)
- etwas Rotkohlsaft
- 2 Aluschälchen
- Teller
- Anleitung „Hier stinkts" (S. 18/19)

Sollte in Ihrer Schule kein Herd vorhanden sein, um den Rotkohlsaft mit etwas Wasser zu erwärmen, können Sie ihn auch zu Hause erwärmen und in eine Thermoskanne umfüllen und mitbringen.
Zum Umgang mit dem Stövchen und offenem Feuer beachten Sie bitte die Hinweise zur Sicherheit im Kapitel „Hinweise zum Umgang mit diesem Buch".

Der selbst gebaute Feuerlöscher (1/2)

Das braucht ihr:

- 2 große Gläser, zum Beispiel Marmeladengläser
- ein großes, ein mittleres und ein kleines Glas
- 3 Teelichter
- mehrere Packungen Backpulver, etwas Essig
- Streichhölzer, am besten lang

So geht es:

1. Füllt in eines der großen Gläser das Päckchen Backpulver und gebt etwas Essig dazu. Die Mischung fängt an, zu schäumen. Kohlendioxid entsteht.

   Holt nun euren Lehrer dazu: Wartet kurz und zündet dann ein Streichholz an. Haltet es vorsichtig in den oberen Teil des Glases. Was passiert?

Fotos: Dr. Silke Kerscher-Hack | ISBN 978-3-8346-3776-5 | www.verlagruhr.de

Der selbst gebaute Feuerlöscher (2/2)

2. Kippt den Inhalt aus und wascht das Glas aus. Stellt in das zweite große Glas eine Kerze und zündet diese an. Lasst euch hierbei von eurem Lehrer helfen. Füllt ein weiteres Päckchen Backpulver in das erste Glas und gebt etwas Essig hinzu. Gießt das Gemisch sofort in das Glas mit der Kerze. Achtet darauf, dass das Gemisch nicht auf die Kerze gelangt. Am besten lasst ihr es langsam am Rand entlanglaufen. Der Schaum darf nicht höher als die Kerze sein.

3. Übrigens: Eine Kerze braucht zum Brennen Sauerstoff und produziert Kohlendioxid. Zündet eine Kerze an. Am besten lasst ihr euch hierbei von eurem Lehrer helfen. Stülpt nun ein Marmeladenglas über die brennende Kerze. Nun müsst ihr etwas warten.

4. Nehmt 3 unterschiedlich große Gläser und 3 Teelichter. Zündet alle 3 Teelichter mit einem Feuerzeug an. 3 Kinder stülpen nun gleichzeitig über alle 3 Teelichter ein kleines, mittleres und großes Glas. Was passiert mit den Teelichtern?

Fotos: Dr. Silke Kerscher-Hack | ISBN 978-3-8346-3776-5 | www.verlagruhr.de

Hier stinkts (1/2)

Das braucht ihr:

- Glas, das Hitze aushält, zum Beispiel ein Teeglas
- kleines Glas
- etwas Hirschhornsalz
- etwas Pottasche
- 2 Aluschälchen
- Teller
- Stövchen, Ofen
- Teelicht mit Zündhölzern

So geht es:

1. Euer Lehrer gibt euch den mit etwas Wasser erwärmten Rotkohlsaft aus dem Glas.
   Gießt anschließend den rötlichen Saft in ein kleines Glas.

2. Füllt in das Teeglas etwas Wasser, Hirschhornsalz und Pottasche. Anschließend schwenkt ihr es vorsichtig, damit es sich etwas vermischt. Wartet kurz. Nun könnt ihr einmal vorsichtig daran riechen. Kennt ihr den Geruch?

Fotos: Dr. Silke Kerscher-Hack | ISBN 978-3-8346-3776-5 | www.verlagruhr.de

Hier stinkts (2/2)

3. Füllt beide Aluschälchen mit wenig (am besten 1–2 Tropfen) Rotkohlsaft. Achtung: Je mehr Flüssigkeit ihr hineingebt, umso länger müsst ihr warten.

4. Stellt das Teeglas auf das Stövchen. Lasst in dem Wassergemisch ein Aluschälchen schwimmen. Deckt das Glas mit dem Teller ab. Stellt das 2. Schälchen neben das Stövchen. Zündet die Kerze an und stellt diese unter das Stövchen. Lasst euch hierbei von eurem Lehrer helfen. Wartet 5–10 Minuten. In der Zwischenzeit könnt ihr eine Liste anfertigen, nach was Luft riechen kann. Oder ihr macht noch ein paar Versuche zum Thema „Der selbst gebaute Feuerlöscher“. Was passiert mit der Flüssigkeit in den Schälchen?

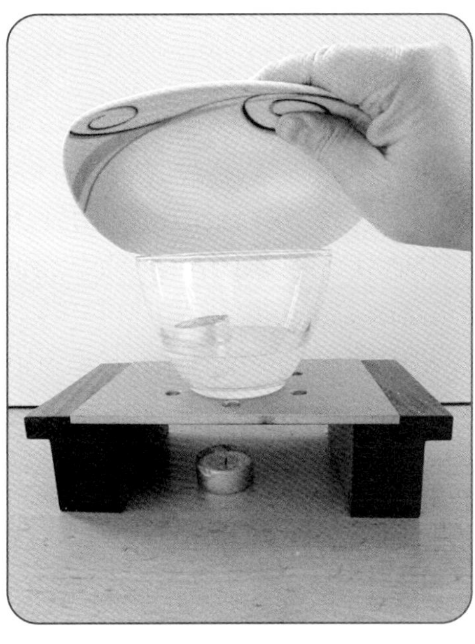

Fotos: Dr. Silke Kerscher-Hack | ISBN 978-3-8346-3776-5 | www.verlagruhr.de

3. Warme und kalte Luft

Darum geht's – kindgerecht erklärt

Auch warme und kalte Luft haben unterschiedliche Eigenschaften: Warme Luft hat eine höhere Temperatur als kalte. Sie braucht mehr Platz und ist leichter.

Was beim Versuch passiert

Die Kerze erwärmt die Luft im Glas. Dadurch dehnt sich die Luft aus und entweicht. Man kann sogar die Luftblasen im Wasser sehen, wenn man das Glas zügig von der Seite über die Kerze stellt. Keine Luftblasen dagegen sieht man, wenn man das Glas langsam von oben über die Kerze stülpt. Denn dann erwärmt sich die Luft bereits, während man das Glas über die Kerze drückt, und entweicht noch, bevor das Glas das Wasser berührt.
Ist der Sauerstoff aufgebraucht, erlischt die Kerze. Die Luft kühlt ab. Kalte Luft braucht weniger Platz als warme. Die Luft im Glas zieht sich zusammen. Dafür nimmt das Wasser seinen Platz ein.

Wo das Phänomen vorkommt

Im Winter beim Lüften: Warme Luft bewegt sich oberhalb des Fensters nach draußen, kalte Luft dringt am unteren Teil des Fensters ein. Außerdem beruht das bekannte Klicken beim Öffnen eines Marmeladenglases auf dem Phänomen. Die Marmelade wird heiß in das Glas gefüllt und dieses verschraubt. Beim Abkühlen zieht sich die Luft im Glas zusammen. Das Phänomen zeigt sich auch in der Nähe einer angestellten Heizung.
Die Luft dort ist warm und steigt nach oben. Ähnlich funktionieren auch Weihnachtspyramiden: Die Luft über den Kerzen ist wärmer und steigt nach oben.
Dadurch dreht sich die Pyramide.

Kompetenzerwartungen

Die Kinder erfahren, dass warme und kalte Luft sich nicht nur von der Temperatur her unterscheiden: Warme Luft braucht auch mehr Platz als kalte und steigt nach oben.

Materialliste pro Klasse

- hohes, schlankes Glas (z. B. Sektglas)
- Teelicht
- Suppenteller
- Streichhölzer
- Schere
- wer möchte: eine Tintenpatrone
- Anleitung „Eine Kerze fährt Aufzug" (S. 22)

Zum Umgang mit offenem Feuer beachten Sie bitte die Hinweise zur Sicherheit im Kapitel „Hinweise zum Umgang mit diesem Buch".

Das bereiten Sie vor

Stellen Sie die Materialien bereit. Kopieren Sie die Versuchsanleitung pro Kind einmal.

3. Warme und kalte Luft

Stundenverlauf

Einstieg (5 Minuten)

Die Kinder finden sich im Sitzkreis zusammen. Erzählen Sie den Kindern, dass Sie sich heute mit warmer und kalter Luft beschäftigen wollen. Fragen Sie die Kinder, wo sie im Alltag mit warmer und kalter Luft in Berührung kommen. Woher wissen bzw. woran erkennen die Kinder, dass die Luft warm bzw. kalt ist?

Arbeitsphase (35 Minuten)

Die Kinder versammeln sich um einen großen Tisch mit den benötigten Materialien. Teilen Sie die Versuchsanleitung aus. Lassen Sie die Kinder, wenn möglich, selber experimentieren. Klären Sie während der Arbeitsphase die Fragen der Schüler und/oder unterstützen Sie sie aktiv bei der Durchführung des Versuchs, z. B. beim Experimentieren mit Feuer.

Abschluss/Reflexion (5 Minuten)

Die Kinder finden sich im Sitzkreis wieder. Was haben die Kinder bei dem Versuch beobachtet? Überlegen Sie gemeinsam, warum das Wasser in das Glas steigt.

Erweiterung – Versuch „Drehschlange"

Auch folgendes Experiment verdeutlicht sehr schön, dass warme Luft leichter als kalte ist und nach oben steigt.

Was beim Versuch passiert

Die Kerze erwärmt die Luft oberhalb. Dadurch dehnt sich die Luft aus und wird leichter. Sie steigt nach oben. Durch diese Luftbewegung dreht sich die Schlange.

Materialliste pro Kind

- Teelicht
- Streichhölzer
- Schere
- Alufolie
- Faden
- Versuchsanleitung „Drehschlange" (S. 23)

Zum Umgang mit offenem Feuer beachten Sie bitte die Hinweise zur Sicherheit im Kapitel „Hinweise zum Umgang mit diesem Buch".

Tipp:
Wenn Sie das Experiment ohne Teelichter durchführen wollen, können Sie auch eine Papierdrehschlange über eine warme Heizung halten.

Eine Kerze fährt Aufzug

Das braucht ihr:

- hohes, schlankes Glas, zum Beispiel Sektglas
- Teelicht
- Suppenteller
- Streichhölzer
- Schere
- wenn ihr möchtet: eine Tintenpatrone aus euren Füllern

So geht es:

1. Füllt in den Suppenteller etwas Wasser. Achtet darauf, dass das Teelicht noch darin stehen kann und nicht schwimmt. Wer es farbig mag, darf in das Wasser ein paar Tropfen Tinte geben. Hierfür drückt ihr die Patrone langsam zusammen.

2. Zündet das Teelicht an. Am besten lasst ihr euch hierbei von eurem Lehrer helfen. Stellt nun das Teelicht in das Wasser.

3. Anschließend stülpt ihr das Glas über die Kerze und wartet ab. Was passiert?

Fotos: Dr. Silke Kerscher-Hack | ISBN 978-3-8346-3776-5 | www.verlagruhr.de

Drehschlange

Das brauchst du:
- Teelicht
- Streichhölzer
- Schere und Stift
- Alufolie
- Faden

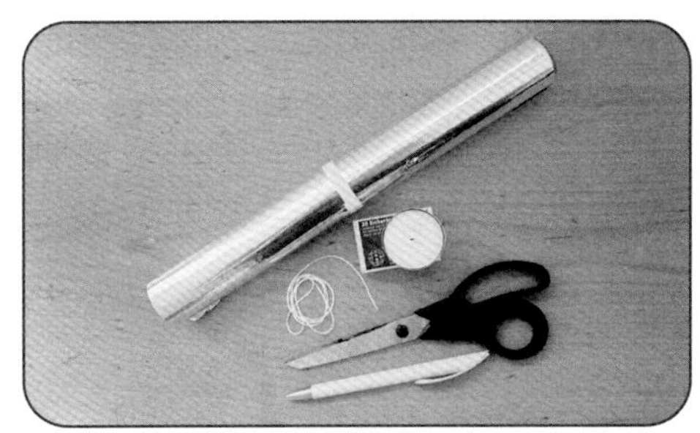

So geht es:

1. Bastel dir eine Drehschlange aus Alufolie. Dafür zeichnest du einen Kreis auf eine Alufolie und schneidest diesen aus. Anschließend zeichnest du eine Spirale auf diesen Kreis. Achte darauf, dass du die Spiralen nicht zu eng zeichnest. Drei Umdrehungen genügen. Entlang dieser Spirallinien schneidest du die Schlange aus. In der Mitte ist der Kopf der Schlange.

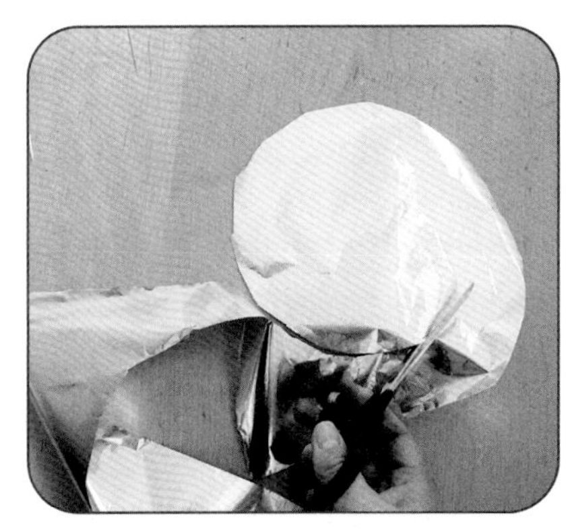

2. Befestige deine Schlange am Kopf an einem Faden.

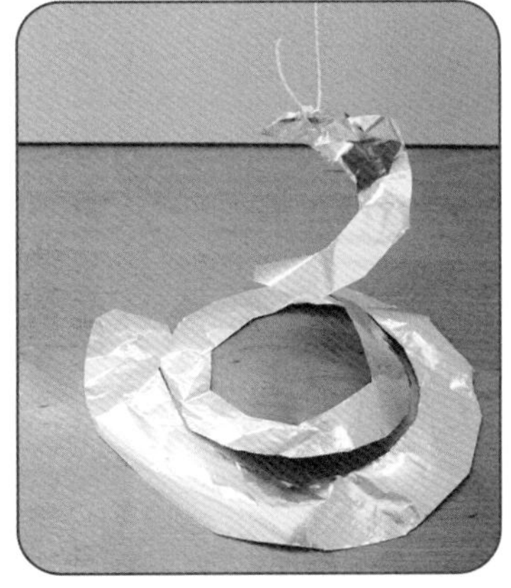

3. Zünde die Kerze an. Am besten lässt du dir hierbei von deinem Lehrer helfen. Halte die Drehschlange über die Flamme. Aber Vorsicht: Zwischen Drehschlange und Flamme sollten mindestens 20 cm liegen. Schaue, was passiert.

Fotos: Dr. Silke Kerscher-Hack | ISBN 978-3-8346-3776-5 | www.verlagruhr.de

Luft bewegt

Darum geht's – kindgerecht erklärt

Luft kann Blätter durch die Luft blasen, Türen zuknallen und Haare zerzausen. In diesem Fall sprechen wir vom Wind. Bewegte Luft kann sogar Bäume entwurzeln, Wellen auftürmen lassen oder Dächer abdecken. Menschen nutzen die Windkraft, um Drachen steigen zu lassen, Mehl zu mahlen oder Strom zu erzeugen.

Was beim Versuch passiert

Luft bewegt. Sichtbar wird dies u. a. an Windrädern. Aber auch Kinder können Wind selbst herstellen: durch pusten.

Wo das Phänomen vorkommt

Wind hat viel Kraft: Er pustet Blätter umher, erzeugt Wellen und kann Bäume umknicken. Windenergie wird z. B. genutzt, um Drachen fliegen zu lassen, Mehl zu mahlen (Windmühle), Strom zu erzeugen (Windrad) oder zu segeln.

Kompetenzerwartungen

Die Kinder lernen, dass sich Luft bewegen kann. Sie erkennen, dass Wind Kraft hat und sogar Bäume umknicken kann, man diese Kraft jedoch auch sinnvoll nutzen kann.

Materialliste pro Kind

- Papier/Tonpapier
- Stifte, Schere
- Holzstab, z. B. aus dem Baumarkt
- Nagel mit großem Kopf (der Nagel sollte lang genug sein, dass 2 Perlen auf ihn passen)
- 2 Perlen, z. B. Bügelperlen, die auf den Nagel passen
- Anleitung „Das selbstgebastelte Windrad" (S. 26–28)

Zusätzlich werden zwei Hämmer pro Klasse benötigt.

Tipp:
Wenn Sie keinen Hammer benutzen wollen, können Sie anstatt eines Nagels eine Stecknadel verwenden und diese in einen Korken stecken.

Das bereiten Sie vor

Stellen Sie die Materialien bereit. Kopieren Sie die Versuchsanleitung pro Kind einmal.

© Goinyk – Fotolia.com

4. Luft bewegt

Stundenverlauf

Einstieg (7 Minuten)

Erzählen Sie den Kindern, dass Sie sich heute mit dem Thema Wind beschäftigen möchten. Fragen Sie:

- „Was ist Wind?"
- „Woher wisst ihr bzw. woran erkennt ihr, dass es weht?"
- „Könnt ihr auch Wind erzeugen?"
- „Kennt ihr Beispiele aus dem Alltag, bei denen man sich Wind zunutze macht?"

Arbeitsphase (30 Minuten)

Teilen Sie die Versuchsanleitung und die benötigten Materialien aus. Die Kinder arbeiten nun allein weiter. Klären Sie während der Arbeitsphase die Fragen der Schüler und/oder unterstützen Sie sie aktiv.

Abschluss/Reflexion (8 Minuten)

Die Kinder finden sich mit den Windrädern im Sitzkreis zusammen. Fragen Sie sie, wie sie anhand des Windrads sehen können, ob Wind weht.
Haben die Kinder weitere Ideen, wie sie das Windrad in Bewegung setzen können bzw. wie sie Wind erzeugen können („pusten", „fächern" etc.)? Lassen Sie sie ihre Vorschläge ausprobieren.

➽ Erweiterung – Versuch „Das Walnussboot"

Menschen nutzen die Kraft des Windes, um über die Meere zu segeln.

Was beim Versuch passiert

Bei diesem Versuch basteln die Schüler ein Walnussboot und testen dieses in einer Schüssel mit Wasser.

Materialliste pro Kind

- Walnuss
- Blatt Papier
- Schere, Lineal, Klebstoff, Knete/Korken
- Stifte
- 2 Zahnstocher, kleiner Holzstab
- große Schüssel
- Anleitung „Das Walnussboot" (S. 29/30)

Außerdem werden zwei Nussknacker pro Klasse benötigt.

Das selbst gebastelte Windrad (1/3)

Das brauchst du:
- Papier/Tonpapier
- Vorlage „Windrad“
- Stifte, Schere
- Holzstab
- 2 Perlen
- Nagel

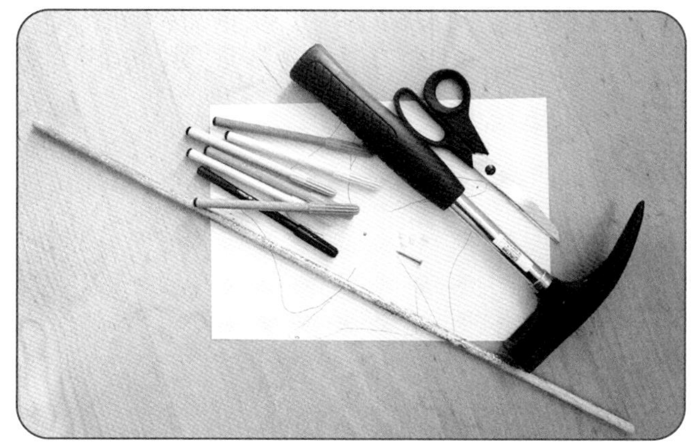

So geht es:

1. Schneide die Vorlage aus. Wenn du willst, kannst du sie schön bunt bemalen.

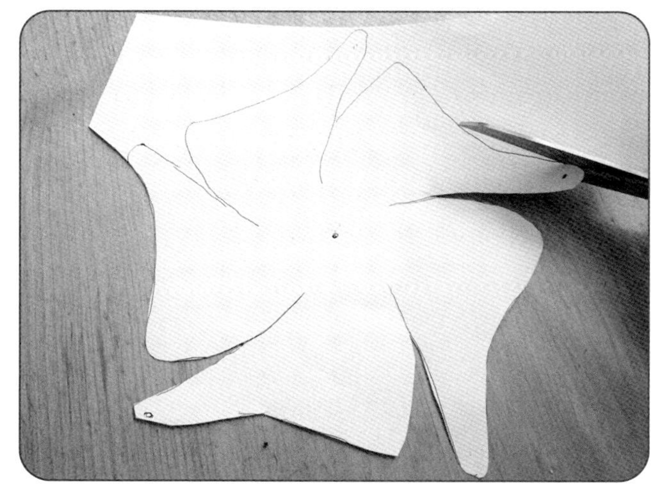

2. Biege nun von einem Windradflügel die rechte Ecke zur Mitte und stecke vorsichtig einen Nagel durch das Ende. Wiederhole diesen Vorgang mit allen Flügeln. Aber Achtung: das Papier darf nicht reißen! Leichter ist es, wenn du mit einer Stecknadel ein Loch vorbohrst.

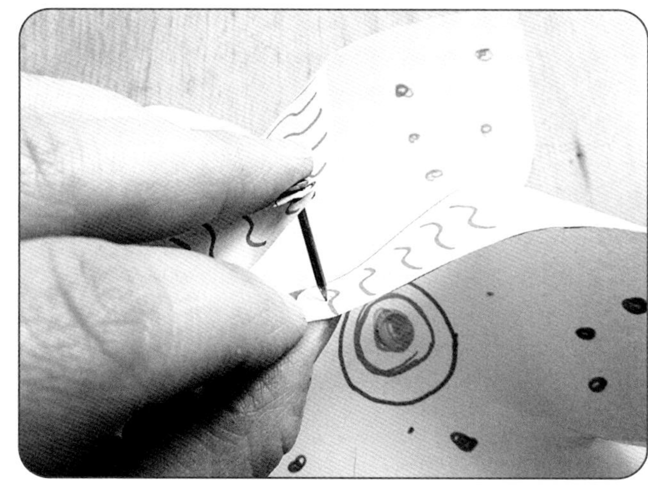

Fotos: Dr. Silke Kerscher-Hack | ISBN 978-3-8346-3776-5 | www.verlagruhr.de

Das selbst gebastelte Windrad (2/3)

3. Stecke auf den Nagel eine der Perlen. Stich den Nagel durch die Mitte des Windrads.

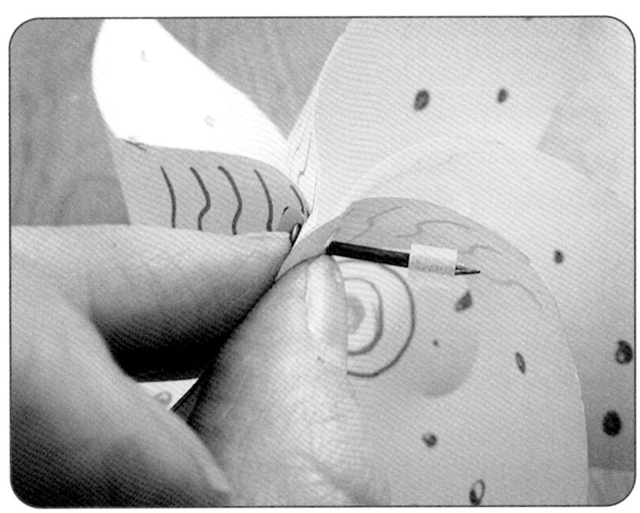

4. Fädele die zweite Perle auf das Nadelende und hämmere den Nagel in das obere Ende des Holzstabes. Lass dir bei diesem Schritt von deinem Lehrer helfen.

Fotos: Dr. Silke Kerscher-Hack | ISBN 978-3-8346-3776-5 | www.verlagruhr.de

Das selbst gebastelte Windrad (3/3)

Das schneidest du aus:

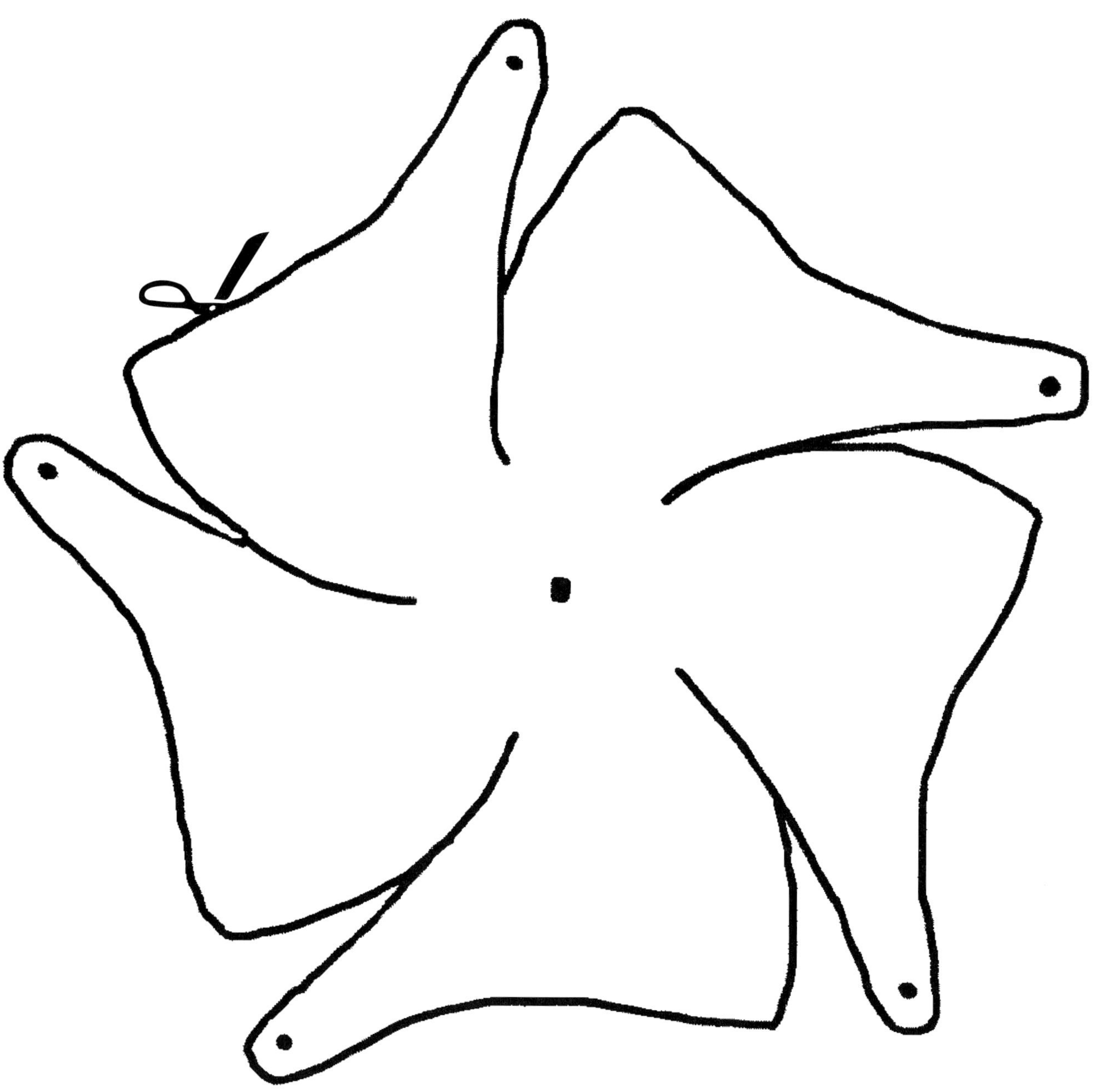

Das Walnussboot (1/2)

Das brauchst du:
- Walnuss
- Blatt Papier
- Schere, Lineal, Klebstoff, Knete/Korken
- Stifte
- 2 Zahnstocher, kleiner Holzstab
- große Schüssel

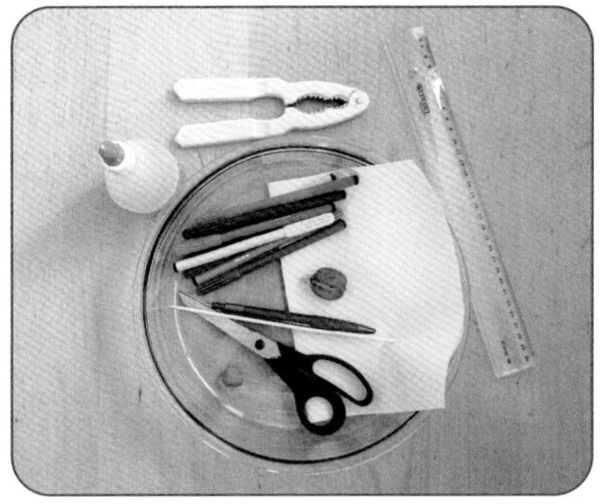

So geht es:

1. Öffne die Walnuss, sodass mindestens eine der Hälften nicht kaputtgeht. Lass dir hierbei von deinem Lehrer helfen. Anschließend entfernst du die Nuss.

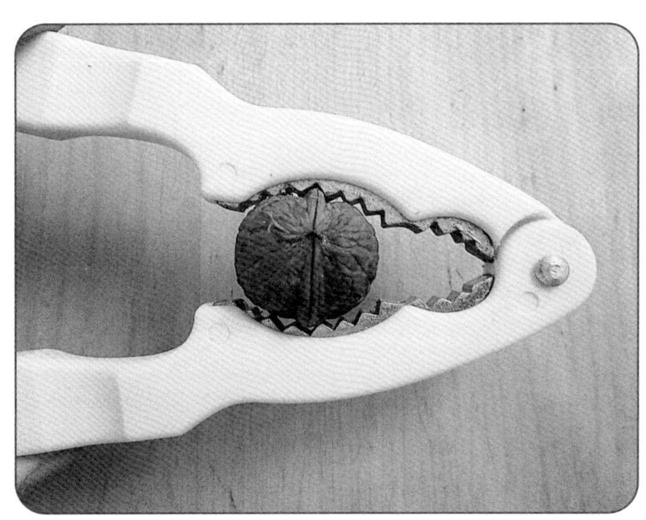

2. Zeichne ein Viereck auf das Papier. Dieses sollte ungefähr genauso lang sein wie die Schale deiner Walnuss. Schneide dann das Viereck aus, das wird dein Segel.

Fotos: Dr. Silke Kerscher-Hack | ISBN 978-3-8346-3776-5 | www.verlagruhr.de

Das Walnussboot (2/2)

3. Wenn du willst, kannst du das Segel schön bunt bemalen. Anschließend gibst du auf beide kurzen Enden etwas Klebstoff. Klebe dann jeweils einen Zahnstocher auf jedes Ende. Warte nun, bis der Klebstoff trocken ist.

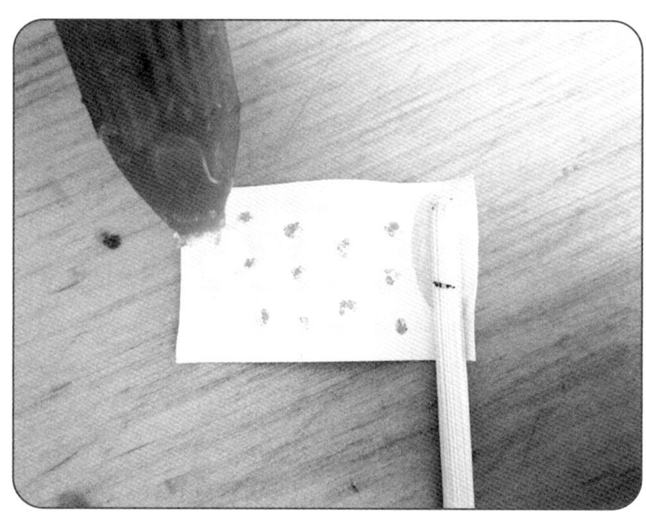

4. Gib etwas Knete oder einen Korken in die Mitte deines Bootes. Achtung: Wenn du zu viel Knete nimmst, wird dein Boot zu schwer und geht unter. Anschließend steckst du das Segel in die Knete.

5. Lasse nun dein Boot auf dem Wasser schwimmen. Was passiert,
- wenn du nichts machst
- wenn du auf das Wasser pustest
- wenn du vorsichtig zu deinem Schiff pustest
- wenn du kräftig zu deinem Schiff pustest?

Fotos: Dr. Silke Kerscher-Hack | ISBN 978-3-8346-3776-5 | www.verlagruhr.de

Mini-Einheit: Experimente mit Wasser*

5. Wasser mit allen Sinnen erforschen

Darum geht's – kindgerecht erklärt

Während des Tages kommen wir immer wieder mit Wasser in Berührung: beim Händewaschen, Baden oder beim Malen mit Wasserfarben. Auch die Pfütze vorm Haus sowie Regen bestehen aus Wasser. Doch woran erkennt man Wasser? Macht es Geräusche, wie sieht es aus, wie fühlt es sich an, wie schmeckt und riecht es?

Was beim Versuch passiert

Die Kinder erfahren, dass Wasser sich nass anfühlt. Manchmal ist es warm, manchmal kalt. Wasser ist farblos, man kann hindurchsehen. Manchmal ist Wasser aber auch farbig, z. B. bei Schlamm. Wasser schmeckt und riecht nach nichts, außer andere Stoffe sind in diesem gelöst. Wasser, das sich nicht bewegt, ist still. Bewegt es sich aber, dann kann es tropfen, rauschen etc.

Wo das Phänomen vorkommt

Wasser ist allgegenwärtig. Es beeinflusst das Klima und formt Landschaften. Ohne Wasser gäbe es kein Leben auf der Erde. Menschen können z. B. ohne das kostbare Nass höchstens vier Tage überleben.

Kompetenzerwartungen

Die Kinder experimentieren mit Wasser. Sie finden Beschreibungen dafür, wie Wasser aussieht, schmeckt und riecht, wie es sich anfühlt und welche Geräusche es macht.

Materialliste pro Gruppe

- 2 Schüsseln mit Wasser
- stilles und kohlensäurehaltiges Wasser
- mehrere Becher und frische Gläser
- mehrere Pinsel und Wasserfarben
- mehrere Blätter Papier
- Wasserhahn, etwas Salz
- Dinge aus Papier, Holz, Glas etc.
- evtl. einen Teebeutel, Zucker etc.
- evtl. eine Lupe
- Versuchsanleitungen „Wasser fühlen, sehen, schmecken, riechen und hören" (S. 33–36)

Das bereiten Sie vor

Stellen Sie die Materialien bereit. Kopieren Sie die Versuchsanleitungen pro Station zweimal.

Stundenverlauf

Einstieg (5 Minuten)

Setzen Sie sich mit den Kindern in einen großen Kreis. Stellen Sie in die Mitte eine durchsichtige Schüssel mit Wasser. Fragen Sie die Kinder, was sie sehen und woher sie wissen, dass in der Schüssel Wasser ist.

Arbeitsphase (32 Minuten)

Bauen Sie vier Stationen (siehe Versuchsanleitungen) auf. Jede Station erhält die entsprechenden Versuchsanleitungen. Teilen Sie die Kinder in vier Gruppen und weisen Sie jedem Team eine Station zu. Nach etwa 8 Minuten werden die Stationen gewechselt.

Abschluss/Reflexion (8 Minuten)

Besprechen Sie die Ergebnisse im Plenum. Wie fühlt sich Wasser an, wie sieht Wasser aus, wie schmeckt Wasser und wie klingt Wasser? Haben sich die Beschreibungen vom Stundenanfang geändert?

Wasser fühlen, sehen, schmecken, riechen und hören (1/4)

Wasser fühlen

Das braucht ihr: große Schüssel mit Wasser

So geht es:

1. Taucht eure Hand in das Wasser. Wie fühlt es sich an?

   Was passiert, wenn ihr die Hand wieder herausnehmt?

2. Tropft etwas Wasser auf eure Hand. Was könnt ihr beobachten?

Fotos: Dr. Silke Kerscher-Hack | ISBN 978-3-8346-3776-5 | www.verlagruhr.de

Wasser fühlen, sehen, schmecken, riechen und hören (2/4)

Wasser sehen

Das braucht ihr:
- mehrere Becher Wasser
- mehrere Pinsel
- Wasserfarben
- mehrere Blätter Papier
- eventuell eine Lupe

So geht es:

1. Hat Wasser eine Farbe? Schaut ganz genau hin. Wenn ihr wollt, könnt ihr auch eine Lupe zu Hilfe nehmen.

2. Was passiert, wenn ihr etwas Wasserfarbe dazugebt? Malt mit einem Pinsel etwas farbloses und etwas buntes Wasser auf ein Blatt Papier.

Fotos: Dr. Silke Kerscher-Hack | ISBN 978-3-8346-3776-5 | www.verlagruhr.de

Wasser fühlen, sehen, schmecken, riechen und hören (3/4)

Wasser schmecken und riechen

Das braucht ihr:
- mehrere frische Gläser
- kohlensäurehaltiges Wasser, stilles Wasser
- etwas Salz
- eventuell einen Teebeutel, Zucker etc.

So geht es:

1. Wie schmecken und riechen stilles Wasser und Wasser mit Kohlensäure? Gibt es einen Unterschied?

2. Nehmt etwas Salz und rührt es in das stille Wasser. Wie schmeckt es nun? Wo kommt Wasser mit diesem Geschmack vor?

Kann man den Geruch und Geschmack von Wasser auch mit Zucker, einem Teebeutel oder Zitronen verändern? Habt ihr weitere Ideen? Probiert es aus.

Fotos: Dr. Silke Kerscher-Hack | ISBN 978-3-8346-3776-5 | www.verlagruhr.de

Wasser fühlen, sehen, schmecken, riechen und hören (4/4)

Wasser hören

Das braucht ihr:
- Wasserhahn
- Dinge aus Papier, Holz, Glas etc.

So geht es:

1. Wie hört sich Wasser an, wenn es sich nicht bewegt?

Wie klingt es, wenn es langsam aus dem Wasserhahn tropft? Und wie, wenn ihr diesen stärker aufdreht?

Wie klingt Wasser auf Blech, Holz, Glas?

2. Veranstaltet doch eine Art „Wassermusik“ mit den unterschiedlichen Geräuschen!

Fotos: Dr. Silke Kerscher-Hack | ISBN 978-3-8346-3776-5 | www.verlagruhr.de

6. Wasser als Lösemittel

Darum geht's – kindgerecht erklärt

Wasser ist ein hervorragendes Lösungsmittel. In der Natur gibt es kein Wasser, in dem nur Wasserteilchen enthalten sind. Immer sind noch Salze, Gase oder Ähnliches darin gelöst. Dabei bedeutet der Begriff „Lösen", dass sich ein Stoff gleichmäßig im Wasser verteilt und man ihn nicht mehr sehen kann. Die Flüssigkeit muss durchsichtig, also klar, sein. Ist dies nicht der Fall und die Flüssigkeit ist trüb, hat sich der Stoff nicht gelöst. Die Trübung kommt dann von sehr kleinen, noch nicht gelösten Teilchen. Ein gutes Beispiel hierfür ist Milch, die aus Wasser und Fett besteht. Aber Vorsicht: Auch wenn eine Flüssigkeit klar ist, kann sie trotzdem farbig sein.

Was beim Versuch passiert

Bei löslichen Stoffen legen sich viele kleine Wasserteilchen um ein winziges Teilchen und lösen es heraus. Bei nicht löslichen Stoffen schaffen es die kleinen Wasserteilchen nicht, einzelne Teilchen herauszulösen.

Wo das Phänomen vorkommt

Sogenanntes reines Wasser, in dem nur Wassermoleküle enthalten sind, gibt es kaum. Im Meerwasser beispielsweise sind Sauerstoff, Kohlendioxid und verschiedene Salze (z. B. Kochsalz) gelöst. Auch der süße, heiße Tee am Morgen, das Trinkwasser aus der Leitung oder der Wasserflasche, Obstsäfte sowie Gemüsebrühen sind nichts anderes als Wasser, in dem verschiedene Stoffe gelöst sind.

Kompetenzerwartungen

Die Schüler lernen, zwischen löslichen und unlöslichen Stoffen zu unterscheiden. Außerdem bemerken sie, dass die gelösten Stoffe unter anderem den Geschmack der Flüssigkeiten beeinflussen. Die Stoffe sind also noch da, auch wenn sie unsichtbar sind. Auf die Abhängigkeit der Löslichkeit von der Temperatur wird nicht eingegangen.

Materialliste pro Gruppe

- verschiedene kleine Gläser (z. B. Schnapsgläser), halb voll mit Wasser
- Sand, Zucker, Salz, Mehl, Teebeutel, Öl, Essig, Tinte, Lebensmittelfarbe, kleine Kügelchen aus einer Windel (Superabsorber, soll die Flüssigkeit aufsaugen) etc.
- etwas zum Umrühren, z. B. ein kleiner Löffel
- Versuchsanleitung „Löslich oder nicht?" (S. 39)

Zum Vorzeigen: Glas mit Wasser, Glas mit einer Mischung aus Zucker und Wasser.

Das bereiten Sie vor

Stellen Sie die Materialien bereit. Kopieren Sie die Versuchsanleitung pro Kind einmal.

6. Wasser als Lösemittel

Stundenverlauf

Einstieg (10 Minuten)

Setzen Sie sich mit den Kindern in einen großen Kreis und stellen Sie ein Glas mit Wasser und eines mit einer Mischung aus Zucker und Wasser in die Mitte. Lassen Sie die Kinder beschreiben, was sie sehen.
Gibt es Gemeinsamkeiten oder Unterschiede? Geben Sie nun einem Kind das eine und einem anderen Kind das andere Glas. Lassen Sie die Kinder probieren.
Wie schmeckt die Flüssigkeit? Haben die Kinder Vermutungen, warum das Wasser unterschiedlich schmeckt? Überlegen Sie gemeinsam mit den Kindern, was „sich lösen" bedeutet. Wie sehen die Flüssigkeiten aus, nachdem sich ein Stoff aufgelöst hat? Sind diese trüb, bunt, einfarbig oder klar? Fragen Sie die Kinder, ob Ihnen noch andere Stoffe aus dem Alltag einfallen, die sich im Wasser lösen.

Arbeitsphase (25 Minuten)

Teilen Sie die Kinder in 4er-Gruppen und weisen Sie jeder Gruppe einen Tisch mit den benötigten Materialien zu. Die Kinder arbeiten nun gemeinsam in den Gruppen weiter. Klären Sie während der Arbeitsphase die Fragen der Schüler und/oder unterstützen Sie die verschiedenen Gruppen aktiv bei der Durchführung des Versuches.

Abschluss/Reflexion (10 Minuten)

Bilden Sie mit den Kindern einen Sitzkreis und besprechen Sie mit ihnen die Ergebnisse. Fragen Sie sie, welchen Gegenstand vom Anfang der Stunde sie falsch und welchen sie richtig eingeschätzt hatten.
Wie schmeckt das Wasser mit Salz und Zucker? Weisen Sie die Kinder darauf hin, dass der unterschiedliche Geschmack ein Zeichen dafür ist, dass der gelöste Stoff noch da ist und man diesen – wenn man möchte – auch wieder vom Wasser trennen kann.

➽ Erweiterung – Versuch „Weihnachtsbaum"

Stoffe, die im Wasser gelöst sind, kann man natürlich auch wieder abtrennen. Achtung: Dieses Experiment ist nichts für Ungeduldige, da der Versuch mindestens 2 Wochen dauert.

Was beim Versuch passiert

Das Filterpapier saugt das Salzwasser-Gemisch auf. Es breitet sich bis zu den Tannenspitzen aus. An der Oberfläche des Tannenbaums verdunstet jedoch immer etwas Wasser. Das Salz verdunstet allerdings nicht. Irgendwann, wenn zu viel Salz im Wasser ist, kristallisiert es aus. Kleine weiße Kristalle entstehen, die an Schnee erinnern.

Materialliste pro Kind

- gut saugendes Papier, z. B. Löschpapier, (nicht zu dünnes) Filterpapier
- etwas Salz
- Schere
- Honig-/Marmeladenglasdeckel
- etwas Geduld und eine ruhige Hand
- Becher Wasser
- Versuchsanleitung „Weihnachtsbaum" (S. 40/41)

Löslich oder nicht?

Das braucht ihr:
- verschiedene kleine Gläser, zum Beispiel Schnapsgläser, halb voll mit Wasser
- Sand, Zucker, Salz, Mehl, Teebeutel, Öl, Essig, Tinte, Lebensmittelfarbe, kleine Kügelchen aus einer Windel (Superabsorber, soll die Flüssigkeit aufsaugen) etc.
- etwas zum Umrühren, zum Beispiel einen kleinen Löffel

So geht es:

1. Was glaubt ihr, welche Substanzen lösen sich, welche nicht? Schreibt eure Vermutungen auf. Gebt nun die verschiedenen Substanzen in die Gläser und rührt um. Was löst sich, was nicht? Notiert eure Versuchsergebnise.

Probiert auch Folgendes aus: Was passiert, wenn ihr 2 Stoffe zusammen in ein Glas gebt? Beeinflussen diese sich gegenseitig?

2. Wenn ihr wollt, könnt ihr die Flüssigkeiten, in die ihr Salz und Zucker gegeben habt, auch mal probieren. Wie schmecken diese?

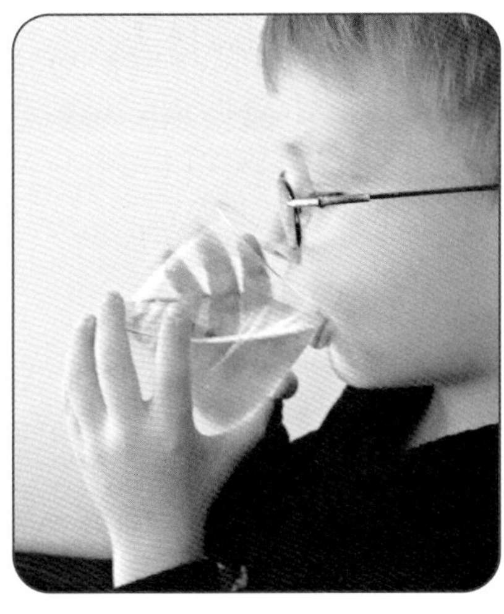

Fotos: Dr. Silke Kerscher-Hack | ISBN 978-3-8346-3776-5 | www.verlagruhr.de

Weihnachtsbaum (1/2)

Das brauchst du:
- gut saugendes Papier, zum Beispiel Löschpapier, (nicht zu dünnes) Filterpapier
- etwas Salz
- Schere
- Honig-/Marmeladenglasdeckel
- Becher Wasser
- etwas Geduld und eine ruhige Hand

So geht es:

1. Fülle den Becher maximal halb voll mit Wasser. Gib so lange Salz in das Wasser, bis sich nichts mehr löst. Das Salzwasser reicht für mindestens 4 Kinder.

2. Zeichne 2 Bäumchen auf das Löschpapier beziehungsweise Filterpapier und schneide sie aus. Die untersten Tannenzweige sollten möglichst gerade sein. Schneide in eines der Bäumchen einen Schlitz von oben bis zur Mitte und in das andere einen von unten bis zur Mitte.

Weihnachtsbaum (2/2)

3. Stecke die beiden Bäumchen ineinander.

4. Gib etwas Salzwasser in den Deckel und stelle das Bäumchen hinein. Hier ist etwas Fingerspitzengefühl gefragt, damit das Bäumchen nicht umfällt.

Tipp:
Biege die unteren Zacken etwas um, so hat das Bäumchen mehr Halt. Nach dem Hineinstellen solltest du den Deckel nicht mehr bewegen.

5. Lass nun das Bäumchen mindestens 2 Wochen stehen. Es bilden sich langsam Salzkristalle, die wie Schnee aussehen (Foto: nach fünf Tagen). Eventuell musst du Salzwasser nachfüllen.

Fotos: Dr. Silke Kerscher-Hack | ISBN 978-3-8346-3776-5 | www.verlagruhr.de

7. Darum schwimmt ein Schiff

Darum geht's – kindgerecht erklärt

Große, schwere Schiffe schwimmen im Wasser. Eine kleine, viel leichtere Münze dagegen geht unter. Ob ein Gegenstand im Wasser schwimmt oder nicht, hängt nicht von seiner Größe ab, sondern nur davon, wie groß seine Dichte ist. Doch was ist Dichte? Stellt euch vor, ihr habt zwei Messbecher, die gleich groß und gleich schwer sind. Den einen füllt ihr mit Steinen, den anderen mit Watte. Nun wiegt ihr beide. Welcher, glaubt ihr, ist schwerer? Na klar, der Becher mit den Steinen ist schwerer als der mit der Watte: Man sagt, er hat eine höhere Dichte. Jede Flüssigkeit und jeder Gegenstand auf der Welt hat eine bestimmte Dichte, so auch das Wasser. Hat etwas eine geringere Dichte als Wasser, schwimmt es. Hat etwas eine größere Dichte, dann geht es unter. Dies trifft nicht nur auf feste Gegenstände, sondern sogar auf Flüssigkeiten wie Öl oder Zuckerwasser zu. Aber auch die Form eines Gegenstands spielt eine Rolle. Schiffe z. B. sind innen hohl. Dadurch verteilt sich ihr Gewicht auf eine große Fläche. Würde man den ganzen Stahl eines Schiffes als Kugel ins Meer plumpsen lassen, würde dieser untergehen.

Was beim Versuch passiert

Ob etwas schwimmt, ist nicht immer leicht vorherzusagen. In der Regel trifft Folgendes zu:

- Große oder leichte Dinge schwimmen häufig.
- Kleine oder schwere Gegenstände gehen dagegen häufig unter.
- Nicht nur Größe und Gewicht, sondern auch das Material und die Form wirken sich darauf aus, ob etwas schwimmt oder nicht.
- Die Farbe hat keinen Einfluss.
- Auch Flüssigkeiten können schwimmen oder untergehen.

Wo das Phänomen vorkommt

Fast täglich sehen Kinder Dinge, die schwimmen oder sinken: Das Spielzeugschiff in der Badewanne schwimmt, im Schwimmbad oder Badesee schwimmen Blätter an der Wasseroberfläche, der Sand im Urlaub versinkt jedoch im Meer.

Kompetenzerwartungen

Die Ursache, warum etwas schwimmt oder sinkt, suchen Grundschulkinder häufig im Gewicht: Leichte Dinge schwimmen, während schwere untergehen. Diese Erklärung stimmt jedoch nicht immer. Große, schwere Steine gehen beispielsweise genauso unter wie kleine Sandkörnchen. Mithilfe der Experimente können die Schüler das Phänomen genauer untersuchen.

Materialliste pro Gruppe

- große Glasschüssel, halb voll mit Wasser
- 2 durchsichtige Becher
- verschiedene Gegenstände wie ein kleiner Ast, eine Glasmurmel, ein Stein, eine Birne, ein Apfel, eine Münze, ein Eiswürfel, etwas Alufolie, eine Kartoffel
- etwas Knete
- etwas Öl
- Zucker
- etwas Tinte oder Lebensmittelfarbe
- evtl. ein Löffel zum Umrühren
- Anleitung „Schwimmen oder sinken?" (S. 44)

Das bereiten Sie vor

Stellen Sie die Materialien bereit. Kopieren Sie die Versuchsbeschreibung für jedes Kind.

7. Darum schwimmt ein Schiff

Stundenverlauf

Einstieg (10 Minuten)

Setzen Sie sich mit den Kindern in einen großen Kreis und legen Sie verschiedene Gegenstände in die Mitte. Achten Sie darauf, dass diese Dinge eine der folgenden Eigenschaften aufweisen: schwer, leicht, eckig, flach, kugel- oder bootsförmig, groß, klein, farbig, farblos. Auch Gegenstände, die nur aus einem einzigen Material bestehen (z. B. Steine, Holz, Geldstücke, Metall), sind geeignet. Jedes Kind wählt nun einen Gegenstand. Lassen Sie die Kinder anschließend vorhersagen, ob der gewählte Gegenstand schwimmt oder nicht. Welche Eigenschaften sind hierfür notwendig? Überlegen Sie gemeinsam mit den Kindern, ob sich das Schwimmverhalten ändert, wenn man z. B. einmal einen schwereren und einmal einen leichteren Stein nimmt.

Arbeitsphase (25 Minuten)

Teilen Sie die Kinder in 4er-Gruppen und weisen Sie jedem Team einen Tisch mit den benötigten Materialien zu. Teilen Sie die Anleitung „Schwimmen oder sinken" aus. Die Kinder arbeiten nun gemeinsam in den Gruppen weiter. Klären Sie während der Arbeitsphase die Fragen der Schüler und/oder unterstützen Sie die verschiedenen Gruppen aktiv bei der Durchführung des Versuches.

Abschluss/Reflexion (10 Minuten)

Bilden Sie mit den Kindern einen Sitzkreis und besprechen Sie mit ihnen die Versuchsergebnisse. Fragen Sie:

- „Welches Experiment hat euch am besten gefallen und warum?"
- „Welchen Gegenstand habt ihr falsch eingeschätzt?"
- „Könnt ihr euch vorstellen, warum dieser Gegenstand geschwommen/untergegangen ist?"
- „Bei einem Versuch habt ihr aus Knetmasse einmal eine Kugel und einmal ein Schiff gebaut. Was ist passiert?"
- „Könnt ihr euch vorstellen, woran das lag?"
- „Was habt ihr bei dem Versuch mit den verschiedenen Flüssigkeiten beobachtet?"

Schwimmen oder sinken? (1/2)

Das braucht ihr:

- große Glasschüssel, halb voll mit Wasser
- 2 durchsichtige Becher
- verschiedene Gegenstände wie einen kleinen Ast, eine Glasmurmel, einen Stein, eine Birne, einen Apfel, eine Münze, einen Eiswürfel, etwas Alufolie, eine Kartoffel
- etwas Knete

- etwas Öl
- Zucker
- etwas Tinte oder Lebensmittelfarbe
- eventuell einen Löffel zum Umrühren

So geht es:

1. Gebt die verschiedenen Gegenstände in die Schüssel mit Wasser. Notiert euch, welche Gegenstände schwimmen und welche untergehen.

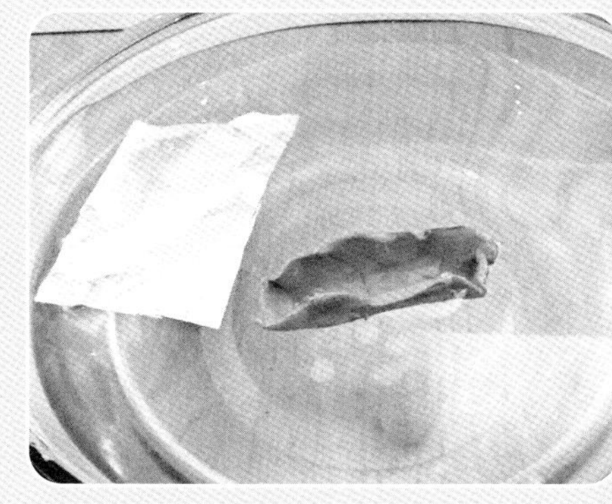

Fotos: Dr. Silke Kerscher-Hack | ISBN 978-3-8346-3776-5 | www.verlagruhr.de

Schwimmen oder sinken? (2/2)

2. Formt aus der einen Hälfte der Knetmasse eine Kugel, aus der anderen ein Boot.

Was schwimmt? Was sinkt?

Tipp:
Formt noch andere Sachen aus Knete und testet, ob diese schwimmen.

3. Auch Flüssigkeiten „schwimmen" oder „sinken". Füllt in einen Becher etwas Wasser und löst darin möglichst viel Zucker auf. In den anderen Becher füllt ihr Wasser und tropft etwas Tinte oder Lebensmittelfarbe hinzu. Gebt nun zu dem Zuckerwasser das Öl und zum Schluss das gefärbte Wasser hinein. Welche Flüssigkeit ist wo? Ihr könnt auch Gegenstände in das Glas geben und schauen, ob diese schwimmen oder sinken.

Fotos: Dr. Silke Kerscher-Hack | ISBN 978-3-8346-3776-5 | www.verlagruhr.de

Auch Wasser hat eine Haut

Darum geht's – kindgerecht erklärt

Wasser hat eine unsichtbare Haut, die Oberflächenspannung heißt. Sie hält das Wasser an seiner Grenze zur Luft fest zusammen. Doch wie entsteht diese Haut? Das Wasser besteht aus winzig kleinen Teilchen, den Molekülen. Diese kleinen Wasserteilchen ziehen sich ganz fest zueinander. Man sagt: Sie ziehen sich gegenseitig an. Das passiert in alle Richtungen: nach oben, nach unten sowie nach links und nach rechts. An der Grenze zwischen Wasser und Luft werden die oberen Teilchen nur nach unten sowie links und rechts gezogen, da über ihnen nur Luft ist. Dafür halten sie sich aber umso intensiver fest. Dadurch hat die oberste Wasserschicht eine besondere Stabilität. Wenn man etwas Spülmittel zu dem Wasser gibt, drängt sich dieses zwischen die Wasserteilchen. Die unsichtbare Haut wird so zerstört.

Was beim Versuch passiert

Sichtbar wird die Wasserhaut bei folgendem Versuch: Tropft man langsam Wasser auf eine liegende Münze, läuft dieses nicht einfach herunter, sondern bildet einen Wasserberg – ein Wasser-Spülmittel-Gemisch läuft dagegen herunter.
Nicht alle Gegenstände, die untergehen sollten, tun dies auch. Ein Klumpen Metall sinkt z. B. im Wasser auf den Grund, eine Büroklammer oder eine Rasierklinge aus Metall können jedoch – wenn man sie vorsichtig auf das Wasser legt – schwimmen. Ein Tropfen Spülmittel zerstört die Haut und die Büroklammer oder Rasierklinge gehen unter.

Wo das Phänomen vorkommt

Zum Beispiel auf Teichen, Tümpeln und Pfützen. Dort leben Wasserläufer, die blitzschnell über das Wasser laufen können. Die Haut des Wassers trägt das Insekt. Bei genauem Hinschauen, erkennt man sogar Dellen an den Stellen, an denen die Beine des Tieres das Wasser berühren. Bei einem undichten Wasserhahn läuft das Wasser nicht einfach heraus, sondern es tropft. Grund hierfür ist, dass Wasser immer eine möglichst kleine Oberfläche haben möchte – das ist bei Tropfen der Fall. Erst wenn der Wassertropfen zu schwer geworden ist, fällt er vom Wasserhahn nach unten.

Kompetenzerwartungen

Die Kinder lernen, dass Wasser eine Art Haut hat, die sog. Oberflächenspannung, und dass Seife diese Haut zerstört.

Materialliste pro Gruppe

- große Glasschüssel, halb voll mit Wasser
- Münze
- Pipette
- mehrere Büroklammern
- Holzstab/Zahnstocher
- etwas Spülmittel
- evtl. eine Gabel
- Anleitung „Wasser hat eine Haut" (S. 48)

Das bereiten Sie vor

Stellen Sie die Materialien bereit. Kopieren Sie die Versuchsbeschreibung pro Kind einmal.
Kopieren Sie die Bildvorlage auf Folie oder scannen Sie die Bildvorlage ein.

8. Auch Wasser hat eine Haut

Stundenverlauf

Einstieg (8 Minuten)

Legen Sie die Folie auf den Overheadprojektor oder zeigen Sie das Bild über das Whiteboard. Fragen Sie:

- „Wisst ihr, wie dieses Insekt heißt?" (Wasserläufer.)
- „Könnt ihr euch vorstellen, warum es diesen Namen hat?" (Es läuft über Wasser.)
- „Können noch andere Tiere über das Wasser laufen?" (Nein.)
- „Was passiert mit den anderen Tieren?" (Sie gehen unter oder schwimmen.)

Sagen Sie dann:

- „Warum der Wasserläufer über das Wasser laufen kann und nicht wie andere Tiere untergeht, könnt ihr mit folgenden Versuchen herausfinden."
  (Wie bei der Büroklammer wird das Gewicht durch die Oberflächenspannung getragen.)

Arbeitsphase (30 Minuten)

Teilen Sie die Kinder in 2er-Gruppen und weisen Sie jedem Team einen Gruppentisch mit den benötigten Materialien zu. Teilen Sie die Versuchsanleitung „Wasser hat eine Haut" aus. Die Kinder arbeiten nun gemeinsam in den Gruppen weiter. Klären Sie während der Arbeitsphase die Fragen der Schüler und/oder unterstützen Sie die verschiedenen Gruppen aktiv bei der Durchführung des Versuches.

Abschluss/Reflexion (7 Minuten)

Die Kinder finden sich im Sitzkreis. Geben Sie den Kindern die Möglichkeit zu erzählen, was sie beobachtet haben. Legen Sie die Folie noch einmal auf den Overheadprojektor oder zeigen Sie die Bildvorlage über das Whiteboard. Fragen Sie die Kinder, wie ihre Beobachtungen mit dem Wasserläufer zusammenhängen. Überlegen Sie gemeinsam mit den Kindern, was passiert, wenn das Wasser mit Seife (z. B. Spülmittel, Waschmittel) verunreinigt ist.

➽ Erweiterung – Versuch „Drehschlange"

Der Effekt des Spülmittels lässt sich auch gut mit der „Drehschlange" (S. 50–51) sichtbar machen.

Was beim Versuch passiert

Das Spülmittel zerstört die Oberflächenspannung des Wassers. Die kleinen Wasserteilchen versuchen nun, voneinander wegzugelangen. Der einzige Ausweg ist die kreisförmige Öffnung zwischen der Schlange.

Materialliste pro Kind

- große Schüssel, halb voll mit Wasser
- Blatt Papier/Pappe
- Anleitung „Drehschlange" (S. 50)
- Kopiervorlage „Drehschlange" (S. 51)
- Stift
- Schere
- Zahnstocher/Holzstab
- etwas Spülmittel

Wasser hat eine Haut

Das braucht ihr:
- große Glasschüssel, halb voll mit Wasser
- Münze
- Pipette
- mehrere Büroklammern
- Holzstab/Zahnstocher
- etwas Spülmittel
- eventuell eine Gabel

So geht es:

1. Legt die Münze auf den Tisch und tropft vorsichtig Wassertropfen darauf. Wie viele Wassertropfen passen auf eine Münze? Was passiert, wenn ihr in das Wasser etwas Spülmittel gebt? Wiederholt den Versuch.

2. Legt nun eine (oder mehrere) Büroklammer(n) auf das Wasser. Damit sie nicht sofort untergehen, müsst ihr sie langsam und gerade auf dem Wasser absetzen. Einfacher geht es, wenn ihr die Büroklammer auf eine Gabel legt und diese langsam in das Wasser taucht.

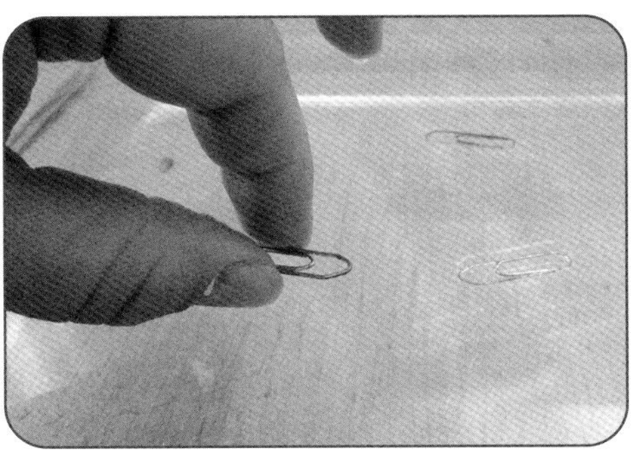

3. Nehmt den Holzstab. Gebt etwas Spülmittel auf den Holzstab. Nun taucht ihr diesen in der Nähe der Büroklammer in das Wasser. Wartet ab, was passiert.

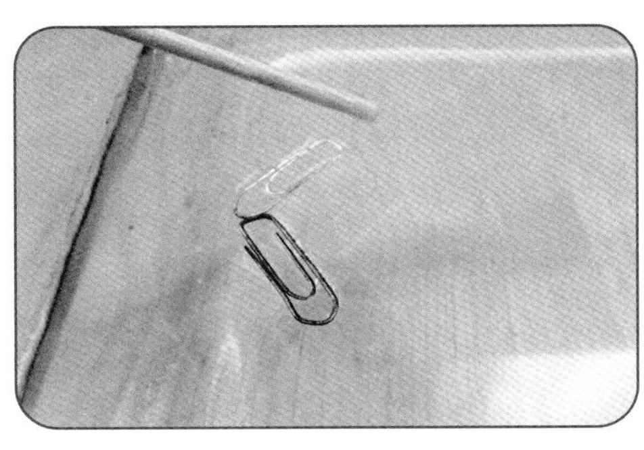

Fotos: Dr. Silke Kerscher-Hack | ISBN 978-3-8346-3776-5 | www.verlagruhr.de

Weißt du, warum Wasserläufer nicht untergehen?

Drehschlange (1/2)

Das brauchst du:

- große Schüssel, halb voll mit Wasser
- Blatt Papier/Pappe
- Kopiervorlage „Drehschlange (2/2)“
- Stift
- Schere
- Zahnstocher/Holzstab
- etwas Spülmittel

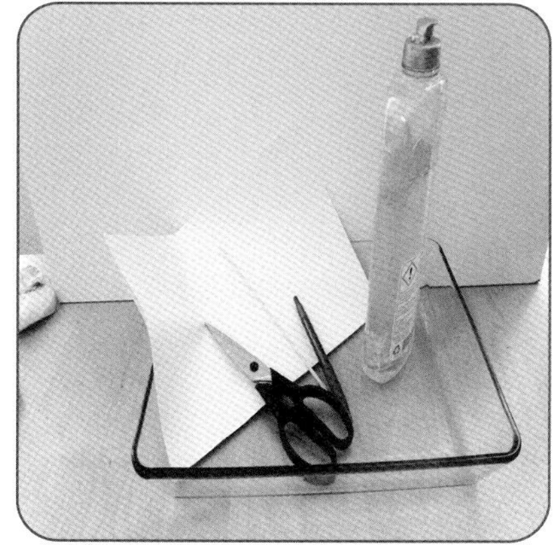

So geht es:

1. Bastel dir eine Drehschlange aus Papier/Pappe. Hierfür schneidest du die Schlange aus deiner Bildvorlage aus.
   Oder du klebst die Bildvorlage auf Pappe und schneidest sie dann aus.

2. Lege die Schlange vorsichtig auf das Wasser. Wichtig: Im Wasser darf sich kein Spülmittel befinden.

3. Gib etwas Spülmittel auf den Holzstab und tauche diesen in der Mitte (am Schwanzende der Schlange) in das Wasser.

   Was passiert?

Fotos: Dr. Silke Kerscher-Hack | ISBN 978-3-8346-3776-5 | www.verlagruhr.de

Drehschlange (2/2)

Das schneidest du aus:

Abb.: Dr. Silke Kerscher-Hack | ISBN 978-3-8346-3776-5 | www.verlagruhr.de

9. Wie Blumen trinken

Darum geht's – kindgerecht erklärt

Wasser besteht aus winzig kleinen Teilchen, den Molekülen. Diese Wasserteilchen werden unter anderem von den Wänden kleiner Röhren angezogen. Diese Hohlräume findet man in vielen Gegenständen: Blumen, Filterpapier, in einem Stück Stoff oder auch im Füller. Dieser Effekt, der sog. Kapillareffekt, ist so stark, dass das Wasser in der Röhre ein Stück nach oben gezogen wird.

Was beim Versuch passiert

Papier besteht aus Papierfasern. Zwischen den einzelnen Fasern gibt es kleine Zwischenräume, in die das Wasser aufgrund von Kapillarkräften steigt. Die Blütenblätter öffnen sich langsam.

Wo das Phänomen vorkommt

Auch Pflanzen brauchen Nährstoffe – so wie wir Menschen. Sie können jedoch nicht essen und trinken, sondern sie nehmen die Nährstoffe aus dem Boden über ihre Wurzeln auf. Dazu benutzen sie den Kapillareffekt: In ihren Wurzeln befinden sich zwischen den Pflanzenfasern enge Zwischenräume, die Leitungen. Die Nährstoffe gelangen so bis zur Blüte.
Aber auch der Füller nutzt den Kapillareffekt zum Schreiben. Filterpapier saugt mithilfe dieses Phänomens Wasser auf und in der Papierchromatografie nutzt man den Effekt, um Stoffe zu trennen. Stoffe saugen Wasser auf, wenn sie nur mit einer Ecke hineingetaucht werden. Und beim Bauen müssen die Mauern eines Hauses abgedichtet werden, sonst gelangt das Wasser durch den Kapillareffekt bis zu den Ziegeln.

Kompetenzerwartungen

Die Kinder lernen eine weitere Besonderheit von Wasser, den Kapillareffekt, kennen. Sie verstehen, wie die Aufnahme von Wasser in Pflanzen funktioniert.

Materialliste pro Kind

- große Glasschüssel, halb voll mit Wasser (eine pro vier Kinder)
- Schere
- Stift, evtl. verschiedenfarbige Holzstifte
- Papier
- Bildvorlage „Eine Blume erblüht" (S. 55)
- Versuchsanleitung „Eine Blume erblüht" (S. 54)
- Blumen im Glas

Das bereiten Sie vor

Stellen Sie die Materialien bereit. Kopieren Sie die Kopiervorlage pro Kind einmal.

9. Wie Blumen trinken

Stundenverlauf

Einstieg (5 Minuten)

Setzen Sie sich mit den Kindern in einen großen Kreis und stellen Sie eine Vase mit Blumen in die Mitte. Erzählen Sie, dass Pflanzen genauso wie Menschen zum Wachsen Nährstoffe benötigen. Pflanzen können jedoch nicht essen oder trinken. Fragen Sie die Kinder:

- „Wo sind die Nährstoffe enthalten, die die Pflanze aufnimmt?" (Im Boden.)
- „Womit nehmen die Pflanzen die Nährstoffe auf?" (Wurzeln.)
- Erklären Sie, dass Wasser die Nährstoffe im Boden löst, z. B. durch Regen oder Gießen. Überlegen Sie nun gemeinsam mit den Kindern, wie die Pflanze diese aus dem Boden aufnehmen kann. Sagen Sie den Kindern, dass Sie ein Experiment vorbereitet haben, das diesen Vorgang veranschaulicht.

Arbeitsphase (35 Minuten)

Weisen Sie jedem Kind die benötigten Materialien zu. Teilen Sie die Versuchsanleitung „Eine Blume erblüht" aus. Jedes Kind bastelt sich nun seine eigene Blume, die es anschließend in der mit Wasser gefüllten Glasschüssel testet. Klären Sie während der Arbeitsphase die Fragen der Schüler und/oder unterstützen Sie die Kinder aktiv bei der Durchführung des Versuches.

Abschluss/Reflexion (5 Minuten)

Die Kinder finden sich im Sitzkreis. Geben Sie ihnen die Möglichkeit zu erzählen, was sie beobachtet haben. Erklären Sie, dass die Wurzeln ähnlich aufgebaut sind wie Papier. Sie bestehen aus Pflanzenfasern und kleinen Zwischenräumen. Bei Regen saugt die Pflanze das Wasser auf – der Kapillareffekt hilft ihr dabei.

➽ Erweiterung – Versuch „Blütenzauber"

Der Kapillareffekt lässt sich auch schön mit dem Versuch „Blütenzauber" veranschaulichen.

Was beim Versuch passiert

Auch bei diesem Versuch saugt das Papier das Wasser auf. Dort breitet es sich aufgrund der Kapillarkräfte gleichmäßig aus. Die Farben aus dem Stift werden in dem Wasser gelöst. Dabei breiten sich die einzelnen Farbbestandteile unterschiedlich schnell aus. Stoffe, die auf Papier gut haften, wandern langsam. Stoffe, die schlecht haften, werden leichter vom Wasser transportiert und wandern schneller.

Materialliste pro Kind

- mindestens ein Becher/ein Glas, halb voll mit Wasser
- mehrere Kaffefilter, am besten weiß
- Stifte, nicht wasserfest
- Schere
- mehrere Strohhalme
- Tesafilm
- Versuchsanleitung „Blütenzauber" (S. 56)

Eine Blume erblüht (1/2)

Das brauchst du:
- Schere
- Buntstifte
- Blatt Papier
- Kopiervorlage „Eine Blume erblüht (2/2)“

So geht es:

1. Schneide die Blume aus der Bildvorlage aus oder bastle dir selber eine. Wenn du willst, kannst du die Blume bunt anmalen. Falte anschließend die Blätter nach innen.

2. Fülle die Schüssel mit Wasser, lege die Blume hinein und schaue, was passiert.

Tipp:
Du kannst die Blume häufiger verwenden. Hierfür musst du sie nur nach jedem Mal trocknen.

Fotos: Dr. Silke Kerscher-Hack | ISBN 978-3-8346-3776-5 | www.verlagruhr.de

Eine Blume erblüht (2/2)

Das schneidest du aus:

Blütenzauber

Das brauchst du:

- mindestens einen Becher/ ein Glas mit Wasser
- mehrere Kaffeefilter, am besten weiß
- mehrere Filzstifte, nicht wasserfest
- Schere, Tesafilm
- mehrere Strohhalme

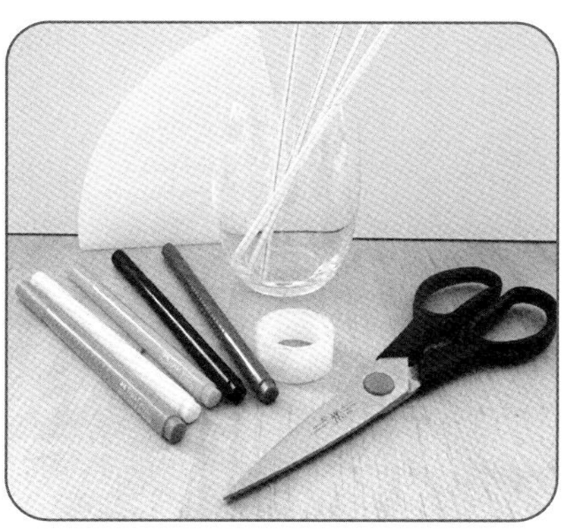

So geht es:

1. Schneide aus dem Kaffeefilter einen Kreis aus und bemale ihn mit bunten Mustern.
2. Falte den Kreis mehrmals und schneide ein (kleines) Loch in der Größe eines Strohhalms in die Mitte.
3. Schneide ein Rechteck aus dem unbenutzten Teil des Kaffeefilters heraus und rolle dieses zusammen. Es entsteht eine Art Strohhalm. Stecke ein Ende in das Loch des Kreises und stelle beides in ein Glas mit Wasser. Der Kaffeefilter saugt sich mit Wasser voll. Sobald das Wasser die Farbe erreicht, verläuft diese.
4. Hat das Wasser das Ende des Kreises erreicht, entfernst du den Strohhalm-Kaffeefilter und trocknest den Kreis. Anschließend steckst du einen normalen Strohhalm durch das Loch des Kreises und befestigst diesen mit Tesafilm.
5. Du kannst alles so oft wiederholen, bis du einen ganzen Blumenstrauß gebastelt hast.

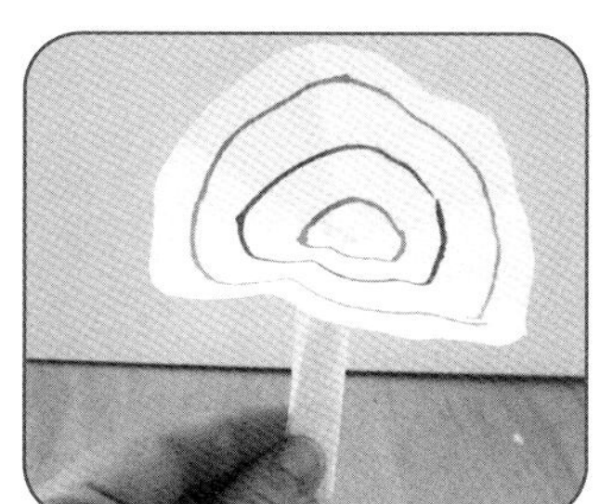

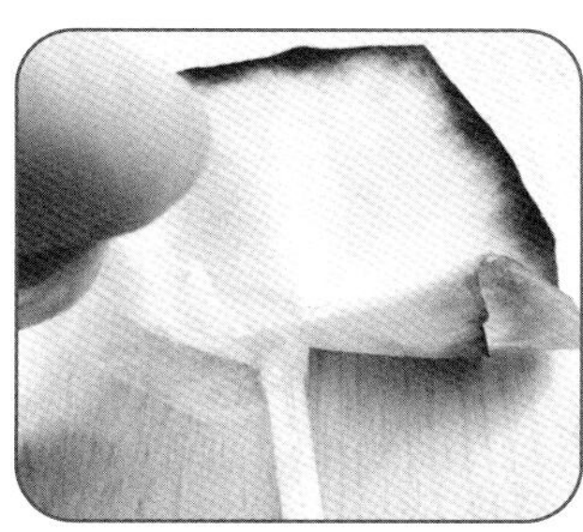

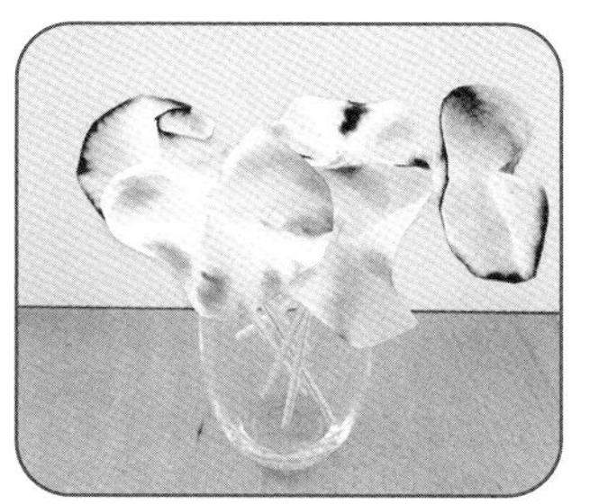

Fotos: Dr. Silke Kerscher-Hack | ISBN 978-3-8346-3776-5 | www.verlagruhr.de

Mini-Einheit: Experimente zur Ernährung*

10. Fette Energie

Darum geht's – kindgerecht erklärt

Alle Bestandteile unserer Nahrung, die entweder Energie liefern oder für ein gesundes Leben gebraucht werden, heißen Nährstoffe. Zu den Nährstoffen, die keine Energie liefern, gehören Vitamine, Mineralstoffe, Ballaststoffe und Wasser. Kohlenhydrate, Eiweiß sowie Fette liefern dagegen Energie. Unser Körper braucht alle Nährstoffe in der richtigen Menge, die er über eine ausgewogene Ernährung erhält.
Fette sind lebensnotwendig, da sie wichtige Fettsäuren enthalten. Zu viel Fett ist jedoch ungesund, da es viel Energie liefert und so Übergewicht fördert.

Was beim Versuch passiert

Verglichen mit Fettteilchen sind Wasserteilchen viel kleiner und beweglicher. Zudem fangen sie bei einer niedrigeren Temperatur zu kochen an (Siedepunkt von Wasser: 100 °C, Siedepunkt von Fett: häufig höher als 200 °C). Daher verdunsten Wasserteilchen schneller als Fettteilchen. Wasserflecken verschwinden bzw. trocknen also nach einiger Zeit. Fettteilchen bleiben auf dem Papier liegen. Man kann sie auch nach zehn Minuten noch sehen: Das Papier ist an dieser Stelle durchsichtig.

Wo das Phänomen vorkommt

Viele Lebensmittel enthalten Fett, wie beispielsweise Salami, Schmierkäse, geriebene Nüsse, Butter.

Kompetenzerwartungen

Die Kinder bekommen einen Eindruck davon, welche Lebensmittel Fett enthalten. Sie lernen, dass Fett wichtig in der Ernährung ist, zu viel aber auch ungesund sein kann.

Materialliste pro Kind

- Filterpapier oder Löschpapier
- Stift
- Löffel oder Pipette
- Vergleichssubstanzen Wasser und Öl
- Aufgeschnittene Lebensmittel zum Prüfen, ob diese Fett enthalten, z. B. Butter, Apfel, Milch, Apfelsaft, Schmierkäse, Würstchen, geriebene Nüsse oder Gurke.
  Tipp: *Möglichst helle Lebensmittel verwenden, da sonst die Auswertung schwierig ist.*
- Versuchsanleitung „Welche Lebensmittel enthalten Fett?" (S. 60)

Der Lehrer braucht zudem ein Messer (zum Aufschneiden, z. B. des Apfels) und einen Fön (wenn es schnell gehen soll).

Das bereiten Sie vor

Stellen Sie die Materialien bereit. Kopieren Sie die Versuchsbeschreibung für jedes Kind. Kopieren Sie die Bildvorlage auf Folie oder scannen Sie sie ein. Schneiden Sie die Lebensmittel, deren Fettgehalt die Schüler überprüfen sollen, auf.

10. Fette Energie

Stundenverlauf

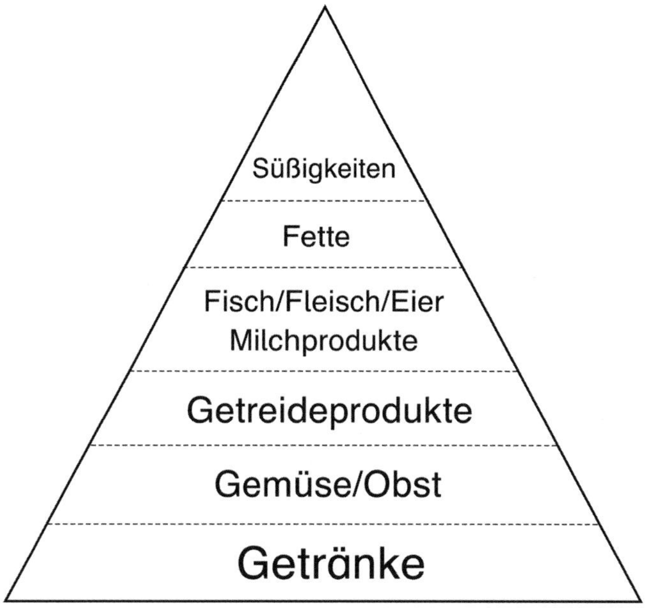

Einstieg (10 Minuten)

Legen Sie die Folie auf den Overheadprojektor oder zeigen Sie sie mithilfe des Whiteboards. Fragen Sie:

- „Was seht ihr?"
- „Warum haben die Nahrungsmittel die Form einer Pyramide?"
- „Welche Gruppen von Lebensmitteln gibt es?"
- „Warum sind die Öle, Fette und Süßigkeiten ganz oben abgebildet?"
- „Fette sind lebensnotwendig. Zu wenig davon ist genauso ungesund wie zu viel. Was passiert, wenn man zu viel Fettes isst?"
- „Kennt ihr Lebensmittel, die viel Fett enthalten?"

Süßigkeiten
Fette
Fisch/Fleisch/Eier
Milchprodukte
Getreideprodukte
Gemüse/Obst
Getränke

Arbeitsphase (25 Minuten)

Teilen Sie die Versuchsanleitung „Welche Lebensmittel enthalten Fett?" aus. Jedes Kind testet mindestens 3 Stoffe. Klären Sie während der Arbeitsphase die Fragen der Schüler und/oder unterstützen Sie die Kinder aktiv bei der Durchführung des Versuches.

Abschluss/Reflexion (10 Minuten)

Die Kinder finden sich im Sitzkreis. Fragen Sie sie,

- was passiert ist, als sie das Öl auf das Papier gegeben haben (durchscheinender Fleck),
- was der durchscheinende Fleck bedeutet (Fett),
- was passiert ist, als sie das Wasser auf das Papier gegeben haben (ebenfalls durchscheinender Fleck),
- wie es jeweils nach zehn Minuten aussah (der Wasserfleck ist getrocknet, der Fettfleck jedoch nicht),
- nach ihren Versuchsergebnissen: „Welche Lebensmittel enthalten Fett?" Gehen Sie die einzelnen Lebensmittel nacheinander durch.

Welche Lebensmittel enthalten Fett?

Das brauchst du:

- Filter- oder Löschpapier
- Stift
- Löffel oder Pipette
- die Vergleichssubstanzen Wasser, Öl
- aufgeschnittene Lebensmittel, von denen du wissen möchtest, ob diese Fett enthalten, wie Butter, Apfelsaft, Apfel, Würstchen, Pfirsich, Milch.

So geht es:

1. Unterteile das Papier in acht Felder und beschrifte diese mit den Lebensmitteln, die du dort testen willst. Als Vergleichssubstanzen dienen Wasser und Öl.

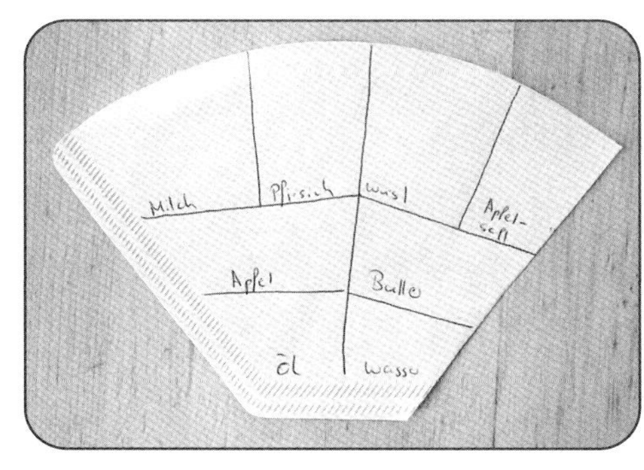

2. Reibe oder tropfe die Lebensmittel auf die vorgesehene Stelle auf dem Papier. Was passiert?

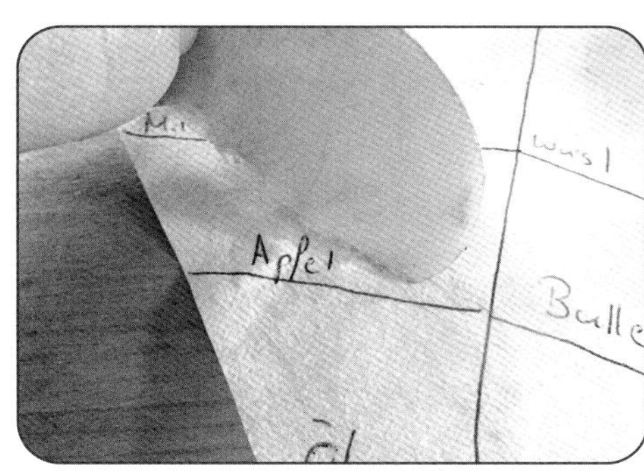

3. Warte etwa zehn Minuten. Bleibt der Fleck oder verschwindet er?

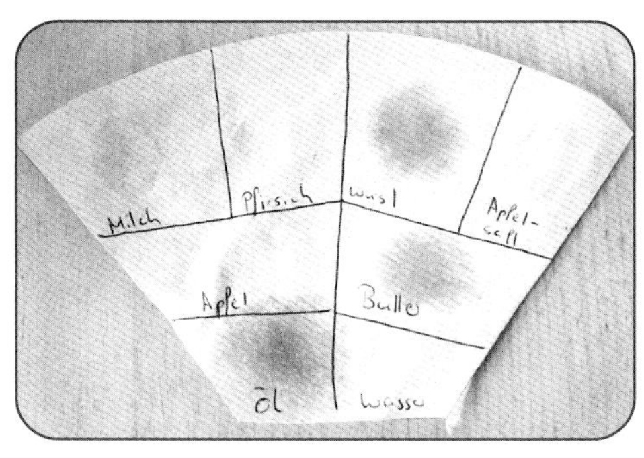

Fotos: Dr. Silke Kerscher-Hack | ISBN 978-3-8346-3776-5 | www.verlagruhr.de

Die Ernährungspyramide

Foto: © ganzoben – Fotolia.com | ISBN 978-3-8346-3776-5 | www.verlagruhr.de

11. Eiweiß gibt es nicht nur im Ei

Darum geht's – kindgerecht erklärt

Proteine kennt man besser unter dem Namen Eiweiß. Eiweiße sind kleine Bausteine, die wichtige Aufgaben im Körper erfüllen. Unser Körper benötigt sie, um u. a. Muskeln, Organe und Blutbestandteile zu bilden.

Was beim Versuch passiert

Das Eiweiß ist in der Milch aufgelöst. Wird Zitronensäure hinzugegeben, verringert sich der pH-Wert und die Eiweißstruktur wird zerstört. Das Eiweiß wird unlöslich und bildet Klümpchen. Die Lösung wird wässrig-trüb. Man sagt auch: Das Eiweiß denaturiert. Durch Filtration kann man die Klümpchen von der Molke abtrennen.

Wo das Phänomen vorkommt

Proteine sind unter anderem enthalten in Fleisch, Quinoa, Fisch, Nüssen, Käse, Eiern, Milch.

Kompetenzerwartungen

Die Kinder lernen, einzuschätzen, welche Lebensmittel Eiweiß enthalten. Sie erkennen, dass Eiweiß wichtig für eine ausgewogene Ernährung ist.

Materialliste pro Kind

- Zitronensaft/Essig
- kleine Gläser (z. B. Schnapsgläser)
- Löffel oder Pipette
- Lebensmittel, bei denen herausgefunden werden soll, ob diese Eiweiß enthalten, wie Wasser, Milch, Eiweiß, Sahne, Fruchtsaft
- Versuchsanleitung „Welche Lebensmittel enthalten Eiweiß?" (S. 64)

Der Lehrer braucht zudem ein Messer (zum Aufschneiden der Zitrone), eine Zitronenpresse und einen Filter.

Das bereiten Sie vor

Stellen Sie die Materialien bereit. Kopieren Sie die Versuchsbeschreibung für jedes Kind. Schneiden Sie die Zitronen auf und pressen Sie den Saft aus.
Filtrieren Sie den Zitronensaft durch einen Filter. So können die Schüler das Fruchtfleisch der Zitrone nicht mit Eiweiß verwechseln. Anstatt der Zitrone können Sie auch Essig verwenden.

11. Eiweiß gibt es nicht nur im Ei

Stundenverlauf

Einstieg (5 Minuten)

Erzählen Sie Ihren Schülern, dass sie sich heute mit dem Thema „Eiweiß" befassen. Wenn Sie die vorherige Stunde bereits durchgeführt haben, können Sie die Ernährungspyramide erneut auflegen. Überlegen Sie gemeinsam mit den Schülern, was Eiweiße sind und wozu sie der Körper benötigt. Haben die Schüler eine Idee, welche Lebensmittel Eiweiß enthalten?

Arbeitsphase (20 Minuten)

Teilen Sie die Versuchsbeschreibung „Welche Lebensmittel enthalten Eiweiß?" aus. Jedes Kind testet mindestens drei Stoffe. Klären Sie während der Arbeitsphase die Fragen der Schüler und/oder unterstützen Sie die Kinder aktiv bei der Durchführung des Versuches.

Abschluss/Reflexion (20 Minuten)

Bilden Sie mit den Kindern einen Sitzkreis und besprechen Sie die Versuchsergebnisse:

- „Was habt ihr gesehen, als ihr die Zitronensäure auf die Milch gegeben habt?" (Klümpchen.)
- „Was bedeutet dies?" (Eiweiß enthalten.)
- „Was ist passiert, als ihr die Zitronensäure auf das Wasser gegeben habt?" (Nichts.)
- „Was bedeutet dies?" (Kein Eiweiß enthalten.)
- „In welchen Lebensmitteln habt ihr Eiweiß gefunden?"
- „Zu Beginn der Stunde haben wir uns überlegt, welche Lebensmittel Eiweiß enthalten. Habt ihr Lebensmittel falsch eingeschätzt?"

➧ Erweiterung – Versuch „Frischkäse selber machen"

Die Herstellung von Frischkäse macht sich die Denaturierung des Eiweißes in der Milch zunutze.

Was beim Versuch passiert

Das Eiweiß ist in der Milch aufgelöst. Wird Zitronensäure hinzugegeben, verringert sich der pH-Wert und die Eiweißstruktur wird zerstört. Das Eiweiß wird unlöslich und bildet Klümpchen. Die Lösung wird wässrig-trüb. Man sagt auch: Das Eiweiß denaturiert. Durch Filtration kann man die Klümpchen (Frischkäse) von der Molke abtrennen.

Materialliste pro Kind

- etwa 250 ml Milch
- Topf
- Holzöffel
- Sieb
- Geschirrtuch
- Schüssel
- Messbecher
- Brot, Gewürze, Kräuter nach Belieben

Der Lehrer braucht zudem ein Messer (zum Aufschneiden der Zitrone), eine Zitronenpresse sowie evtl. Kochplatten.

Das bereiten Sie vor

Schneiden Sie die Zitronen auf und pressen Sie den Saft aus.

Tipp:
Wenn kein Herd zur Verfügung steht, können Sie den Zitronensaft auch in die lauwarme Milch geben. Alternativ können Sie Milch zu Hause aufkochen und in eine Thermoskanne füllen.

Welche Lebensmittel enthalten Eiweiß?

Das brauchst du:

- Zitronensaft/Essig
- kleine Gläser (zum Beispiel Schnapsgläser)
- Löffel oder Pipette
- Lebensmittel, von denen du wissen möchtest, ob diese Eiweiß enthalten, wie Wasser, Milch, das Weiße vom Ei, Sahne, Fruchtsaft

So geht es:

1. Fülle die Lebensmittel, die du testen möchtest, in ein kleines Glas.
2. Tropfe Zitronensäure bzw. Essig hinzu. Was passiert mit deinen Lebensmitteln?

Fotos: Dr. Silke Kerscher-Hack | ISBN 978-3-8346-3776-5 | www.verlagruhr.de

Frischkäse selber machen

Das brauchst du:
- etwa 250 ml Milch
- Zitronensaft
- Holzöffel
- Sieb
- Geschirrtuch
- Schüssel
- Messbecher
- Brot, Gewürze, Kräuter nach Belieben

So geht es:

1. Gib in heiße/warme Milch so lange Zitronensaft, bis das Eiweiß sichtbar wird. Es trennen sich festere Stückchen von der Milch. Damit sich diese gut vom Rest abtrennen lassen, musst du langsam und vorsichtig umrühren.

2. Nimm nun das Sieb und lege dieses mit einem Geschirrtuch aus. Stelle das Sieb auf eine Schüssel und gieße die ausgeflockte Milch heiß hinein.

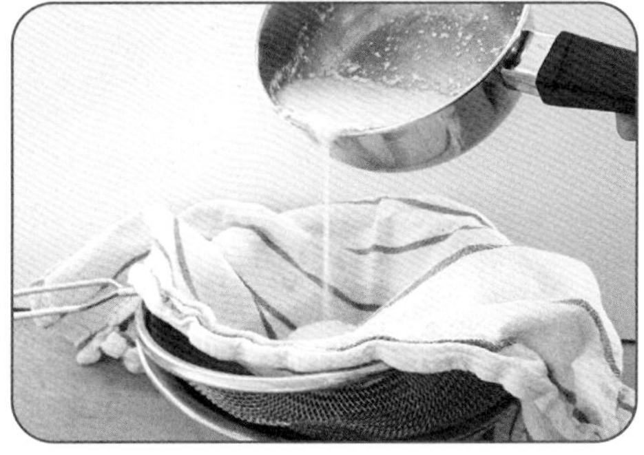

3. Wenn die Flüssigkeit abgetropft ist und der Käse kalt ist, kannst du ihn nach Belieben würzen und ihn mit Brot essen. Guten Appetit! Die Flüssigkeit ist übrigens Molke, die du pur oder gemischt mit Fruchtsaft trinken kannst.

Fotos: Dr. Silke Kerscher-Hack | ISBN 978-3-8346-3776-5 | www.verlagruhr.de

12. Stärke macht satt

Darum geht's – kindgerecht erklärt

Stärke ist ein Mehrfachzucker und gehört zu den Kohlenhydraten. Stärkehaltige Lebensmittel machen satt und verleihen dem Körper langzeitig Energie.

Was beim Versuch passiert

Normalerweise ist Jod braun. Wer dies überprüfen möchte, gibt ein paar Tropfen in ein Glas mit Wasser. Bei stärkehaltigen Lebensmitteln wird Jod blau bzw. blau-schwarz. Grund hierfür ist, dass in der Stärke Stoffe enthalten sind, die eine schraubenförmige Struktur mit einem Hohlraum in der Mitte besitzen. In diesen Hohlraum lagert sich Jod ein.

Wo das Phänomen vorkommt

Stärke ist u. a. in Kartoffeln, Reis, Teigwaren oder Getreide enthalten.

Kompetenzerwartungen

Die Kinder bekommen einen Eindruck, welche Lebensmittel Stärke enthalten. Sie erkennen, dass Stärke wichtig für eine ausgewogene Ernährung ist.

Materialliste pro Kind

- Betaisodona-Tinktur bzw. Jod-Lösung mit Pipette aus der Apotheke
- Lebensmittel, von denen die Kinder wissen möchten, ob diese Stärke enthalten, wie Nudeln, Couscous, Mehl, Zucker, Käse
- mehrere Unterteller
- Löffel, evtl. ein Streichmesser
- Versuchsanleitung „Welche Lebensmittel enthalten Stärke?" (S. 67)

Das bereiten Sie vor

Stellen Sie die Materialien bereit. Kopieren Sie die Versuchsbeschreibung für jedes Kind. Kopieren Sie die Bildvorlage „Die Ernährungspyramide" (S. 61) auf Folie oder scannen Sie sie ein.

Stundenverlauf

Einstieg (5 Minuten)

Legen Sie die Folie (S. 61) auf den Overheadprojektor oder zeigen Sie das Bild über ein Whiteboard. Erzählen Sie Ihren Schülern, dass sie sich heute den stärkehaltigen Nahrungsmitteln widmen werden. Fragen Sie:

- „Wo sind auf der Ernährungspyramide die stärkehaltigen Lebensmittel abgebildet?"
- „Warum sind stärkehaltige Lebensmittel ganz unten abgebildet?"
- „Stärkehaltige Nahrungsmittel liefern Energie und machen satt. Kennt ihr Lebensmittel, die viel Stärke enthalten?"

Arbeitsphase (30 Minuten)

Teilen Sie die Versuchsanleitung „Welche Lebensmittel enthalten Stärke?" aus. Jedes Kind testet mindestens 3 Stoffe. Klären Sie während der Arbeitsphase die Fragen der Schüler und/oder unterstützen Sie die Kinder aktiv bei der Durchführung des Versuchs.

Abschluss/Reflexion (10 Minuten)

Bilden Sie mit den Kindern einen Sitzkreis und besprechen Sie die Versuchsergebnisse:

- „Welche Farbe hatte die Lösung, als ihr sie in das Wasser gegeben habt?" (Braun.)
- „Was bedeutet dies?" (Keine Stärke enthalten.)
- „Was ist passiert, als ihr die Jod-Lösung auf das Mehl gegeben habt?" (Blau-schwarze Farbe.)
- „Was bedeutet dies?" (Stärke enthalten.)
- „Welche Lebensmittel enthalten Stärke?"

Welche Lebensmittel enthalten Stärke?

Das brauchst du:

- Betaisodonna-Tinktur beziehungsweise Jod-Lösung mit Pipette aus der Apotheke
- Lebensmittel, von denen du wissen möchtest, ob diese Stärke enthalten, wie Nudeln, Couscous, Mehl, Zucker, Käse oder Äpfel
- mehrere Unterteller
- eventuell ein Streichmesser
- Löffel

So geht es:

1. Gib auf die Lebensmittel, die du testen möchtest, einen Tropfen Jod-Lösung und warte ab.
   Verwende, wenn möglich, gekochte Nudeln, Reis oder Couscous. Diese lassen sich leichter zerdrücken, sodass du die Farbe besser erkennen kannst.
   Wenn du zu den Lebensmitteln etwas Wasser gibst, erkennst du die Farbe besser.
   Was glaubst du, bedeuten die Farben?

Zucker Apfel Mehl

Käse Couscous Nudel

Fotos: Dr. Silke Kerscher-Hack | ISBN 978-3-8346-3776-5 | www.verlagruhr.de

13. Rotkohl oder Blaukraut

Darum geht's – kindgerecht erklärt

Blaukraut enthält einen speziellen Farbstoff. Dieser hat die Eigenschaft, dass er seine Farbe ändern kann, wenn er mit sauren oder seifigen Stoffen (Lauge) gemischt wird. Solche Stoffe nennt man auch Indikatoren. Doch was sind Säuren und Laugen? Säuren sind sauer. Beispiele hierfür sind Zitronensäure oder Essig. Laugen würden eher seifig schmecken, wenn man sie probieren würde. Säure und Laugen haben unterschiedliche Eigenschaften.

Was beim Versuch passiert

Durch die Zugabe der verschiedenen Substanzen ändert sich die Farbigkeit des Rotkohlsafts:

- Essigsäure: Rotkohlsaft wird hellrot → sauer
- Wasser: Rotkohlsaft bleibt unverändert → neutral
- Spülmittel: Rotkohlsaft verändert sich kaum → neutral bis schwach basisch
- Natron: Rotkohlsaft wird grünblau → schwach basisch
- Pottasche: Rotkohlsaft wird grün → basisch
- Rohrfrei: Rotkohlsaft wird gelb → stark basisch

Bei kleineren Kindern empfiehlt es sich, diesen Versuch vorzuführen.

Wo das Phänomen vorkommt

Der pH-Wert der verschiedenen Lebensmittel bzw. Gegenstände in der Natur ist unterschiedlich:

- Rotkohl wird in Süddeutschland Blaukraut genannt. Dies liegt daran, dass die Äcker im Norden saurer sind als im Süden und dadurch auch der Kohl eine unterschiedliche Farbe hat.
- Im Haushalt arbeiten wir z. B. mit Essigsäure und tunken Brezeln vor dem Backen in Natronlauge.

Kompetenzerwartungen

Die Kinder experimentieren mit Rotkohlsaft. Sie verstehen, dass verschiedene Gegenstände sauer, neutral oder basisch sein können und dass es Stoffe gibt, die ihre Farbe verändern können, wenn sie mit sauren oder basischen Stoffen gemischt werden.

Materialliste pro Gruppe

- Glas Rotkohl
- Topf
- kleines Sieb
- 6 gleiche, kleine Gläser
- ein weiteres Glas
- kleiner Löffel
- Pottasche/Waschmittel
- Natron/Backpulver
- Spülmittel
- Essig
- evtl. Rohreiniger
- Versuchsanleitung „Rotkohl oder Blaukraut?" (S. 70)

Da dem Rotkohl im Glas etwas Säure zugefügt wurde, ist der Saft etwas rötlicher gefärbt. Das Experiment funktioniert dennoch. Wer dies nicht möchte, kann den Rotkohlsaft selbst aus frischem Rotkohl herstellen.

Das bereiten Sie vor

Stellen Sie die Materialien bereit. Kopieren Sie die Versuchsanleitung einmal pro Gruppe.
Stellen Sie den Rotkohlsaft her, indem Sie den Rotkohl mit etwas Wasser etwa 5 Min. erwärmen. Gießen Sie anschließend den Saft durch ein kleines Sieb. Ein Ansatz (etwa 500 ml) genügt für die ganze Klasse.

13. Rotkohl oder Blaukraut

Stundenverlauf

Einstieg (5 Minuten)

Zeigen Sie den Kindern den Rotkohl und fragen Sie sie, wie das Gemüse heißt. Haben die Kinder eine Vermutung, warum der Rotkohl gerade diesen Namen hat? Erzählen Sie den Kindern, dass Rotkohl in Süddeutschland Blaukraut heißt. Wissen die Kinder, wieso?
In Süddeutschland ist der Rotkohl also blau, im restlichen Deutschland rot. Haben die Kinder eine Vermutung, warum das so ist?

Arbeitsphase (30 Minuten)

Teilen Sie Ihre Klasse in 4er-Gruppen und weisen Sie jedem Team einen Gruppentisch mit den benötigten Materialien zu. Teilen Sie die Versuchsanleitung aus.
Die Kinder arbeiten nun gemeinsam in den Gruppen weiter. Klären Sie während der Arbeitsphase die Fragen der Schüler und/oder unterstützen Sie die verschiedenen Gruppen aktiv bei der Durchführung des Versuchs.

Abschluss/Reflexion (10 Minuten)

Bilden Sie mit den Kindern einen Sitzkreis. Stellen Sie die sechs verschiedenen Lösungen in die Mitte. Fragen Sie die Kinder, wie sie den Versuch durchgeführt haben und was ihnen aufgefallen ist. Welche Farben konnten sie bei dem Versuch erkennen? Welche Substanz macht welche Farbe? Können die Kinder einordnen, welche Substanzen Säuren und welche Basen sind?

Rotkohl oder Blaukraut

Das braucht ihr:
- Rotkohlsaft
- 6 gleiche, kleine Gläser
- weiteres Glas
- kleiner Löffel
- Pottasche/Waschmittel
- Natron/Backpulver
- Spülmittel
- Essig
- eventuell Rohrreiniger

So geht es:

1. Füllt in die 6 Gläser etwa gleich viel Rotkohlsaft.

2. Gebt in ein Glas etwas Essig, in das andere etwas Spülmittel, in das dritte Wasser, in das vierte etwas Natron/Backpulver, in das fünfte etwas Pottasche/Waschmittel und in das sechste etwas Rohrreiniger.
   Was passiert in den Gläsern?

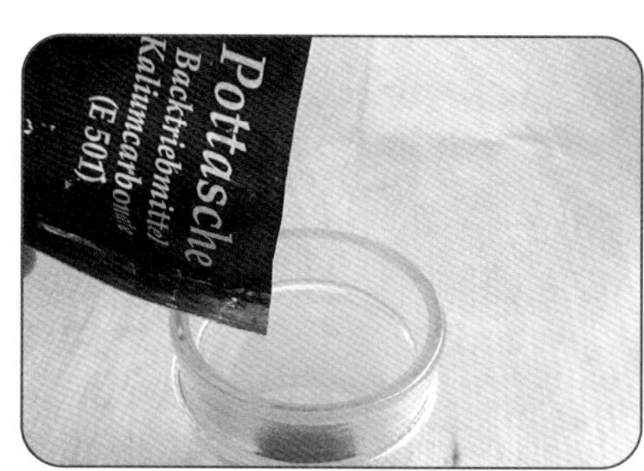

Tipp:
Wenn die Farbe in den Gläsern schlecht zu erkennen ist, könnt ihr etwas Wasser hinzugeben.

Fotos: Dr. Silke Kerscher-Hack | ISBN 978-3-8346-3776-5 | www.verlagruhr.de

Mini-Einheit: Experimente zum Wetter**

So entstehen Tag und Nacht

Darum geht's – kindgerecht erklärt

Tag und Nacht wechseln sich nicht ab, weil die Sonne wandert. In Wirklichkeit bewegt sich die Erde. Die Sonne steht still und beleuchtet die eine Hälfte der Erdkugel. Auf dieser Seite ist es Tag. Die andere Erdhälfte liegt im Schatten. Dort ist es Nacht. Weil sich die Erde jedoch dreht, ändert sich dies ständig. Orte, die in der hell erleuchteten Erdhälfte liegen, wandern langsam zur dunklen Seite und umgekehrt. Wenn sich die Erde einmal um die eigene Achse gedreht hat, sind für uns Menschen 24 Stunden vergangen.

Was beim Versuch passiert

Mit einfachen Mitteln werden die Bewegungen der Erde und die der Sonne nachgestellt.

Wo das Phänomen vorkommt

Wenn im Osten die Sonne aufgeht, wird es Tag.
Dann zieht die Sonne langsam über den Himmel und verschwindet im Westen hinter dem Horizont wieder.
Es wird Nacht.

Kompetenzerwartungen

Die Kinder verstehen, dass sich die Erde um die Sonne dreht und dadurch Tag und Nacht entstehen. Dieses einfache Modell erklärt nicht, warum im Winter die Nächte länger sind als im Sommer.

Materialliste

- Knete (2 Farben)
- Holzstab
- Taschenlampe
- Versuchsanleitung „Tag und Nacht" (S. 74/75)

Das bereiten Sie vor

Stellen Sie die Materialien bereit. Kopieren Sie die Versuchsbeschreibung für jedes Kind.

14. So entstehen Tag und Nacht

Stundenverlauf

Einstieg (10 Minuten)

Lesen Sie den Kindern folgende Geschichte vor: „Philipp's Papa ist auf Dienstreise in den USA. Philipp hat schon den ganzen Tag auf seinen Anruf gewartet. Kurz vor 17 Uhr meldet sich Papa endlich über Skype. ‚Hallo Papa, wie geht's dir? Wie ist Los Angeles und was machst du gerade?', löchert Philipp seinen Papa mit Fragen. – ‚Hallo, Philipp', lacht Papa, ‚mir geht es gut. Ich habe gefrühstückt und werde jetzt zur Arbeit gehen.' – ‚Frühstück? Aber es ist kurz vor fünf und die Sonne geht bald unter', meint Philipp erstaunt. – ‚Hier in Los Angeles nicht. Hier ist es morgens und die Sonne ist erst vor ein paar Stunden aufgegangen', antwortet Papa. – ‚Wirklich? Aber wie kann das sein?', fragt Philipp. Besprechen Sie die Geschichte zunächst kurz anhand der folgenden Fragen:

- Gibt es Verständnisfragen?
- Was ist passiert?
- Haben die Kinder Vermutungen, warum es in Deutschland Abend ist, in Los Angeles jedoch früh am Morgen?
- Haben die Kinder Ideen, wie Tag und Nacht entstehen?

Arbeitsphase (25 Minuten)

Teilen Sie die Kinder in 4er-Gruppen und weisen Sie jedem Team einen Gruppentisch mit den benötigten Materialien zu. Teilen Sie die Versuchsanleitung aus. Die Kinder arbeiten nun gemeinsam in den Gruppen weiter. Klären Sie während der Arbeitsphase die Fragen der Schüler und/oder unterstützen Sie die verschiedenen Gruppen aktiv bei der Durchführung des Versuchs.

Abschluss/Reflexion (10 Minuten)

Die Kinder versammeln sich im Sitzkreis. Stellen Sie eine gebastelte Erdkugel in die Mitte. Was haben die Kinder bei ihrem Versuch beobachtet? Lassen Sie die Kinder mithilfe des Modells erklären, wie Tag und Nacht entstehen. Machen Sie einen zweiten Punkt auf die andere Seite der Erdkugel. Leuchten Sie eine Seite der Erde mit der Taschenlampe an. Erinnern Sie die Kinder an die Geschichte vom Stundenanfang. Nun sollen sie mit ihrem jetzigen Wissen überlegen, warum es in Deutschland Abend ist, in Los Angeles jedoch früh am Morgen.

➽ Erweiterungen

Ist die Erde wirklich eine Kugel?

Was beim Versuch passiert

Wäre die Erde eine Scheibe, würden Menschen das komplette Schiff am Horizont erblicken. Dieses wäre zuerst sehr klein und würde, je näher es käme, immer größer werden. Bei einer Kugel jedoch erblickt man als Erstes nur das Segel am Horizont. Je näher das Schiff kommt, umso mehr kann man vom Segel sehen.

Materialliste pro Kind

- Knete
- 2 Walnüsse
- Zahnstocher
- Blatt Papier
- Klebstoff, Schere, Stifte
- Versuchsanleitung „Kugel oder Scheibe" (S. 76/77)

Tag und Nacht (1/2)

Das braucht ihr:
- Knete (2 Farben)
- Holzstab
- Taschenlampe

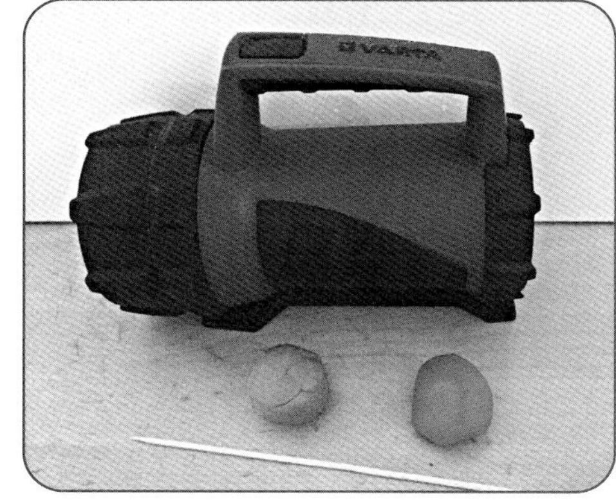

So geht es:

1. Formt aus einer der beiden Knetmassen eine Kugel. Das ist die Erde. Markiert mit etwas andersfarbiger Knetmasse einen Punkt.
   Das ist der Ort, an dem sich eure Schule befindet.

2. Steckt die Erdkugel auf einen Holzstab. Der Holzstab ist die Erdachse, um die sich die Erde dreht.
   Nun verdunkelt ihr den Raum.

Fotos: Dr. Silke Kerscher-Hack | ISBN 978-3-8346-3776-5 | www.verlagruhr.de

Tag und Nacht (2/2)

3. Ein Kind aus der Gruppe hält eure gebastelte Erde so, dass es den Punkt auf der Erde sehen kann. Ein anderes Kind stellt sich dem ersten Kind gegenüber. Es leuchtet mit der Taschenlame auf die Erde. Die Taschenlampe ist die Sonne. Seht ihr, dass die Schule im Schatten ist? Es ist Nacht.

4. Dreht jetzt die Erde so, dass der Punkt mit eurer Schule nach links schaut. Nun befindet sie sich an der Grenze zwischen Licht und Schatten: Die Sonne geht auf.

5. Dreht die Erde weiter, bis die Sonne deine Schule anstrahlt. Es ist Mittag. Dreht die Erde weiter, bis der Punkt mit eurer Schule auf der rechten Seite angekommen ist. Die Sonne geht unter.

Fotos: Dr. Silke Kerscher-Hack | ISBN 978-3-8346-3776-5 | www.verlagruhr.de

Kugel oder Scheibe (1/2)

Das braucht ihr:
- 2 Walnüsse
- Zahnstocher
- Blatt Papier
- Klebstoff, Schere, Stifte

So geht es:

1. Öffnet die Walnüsse so, dass ihr 2 ganze Hälften erhaltet. Lasst euch hierbei von eurem Lehrer helfen. Anschließend entfernt ihr die Nuss.

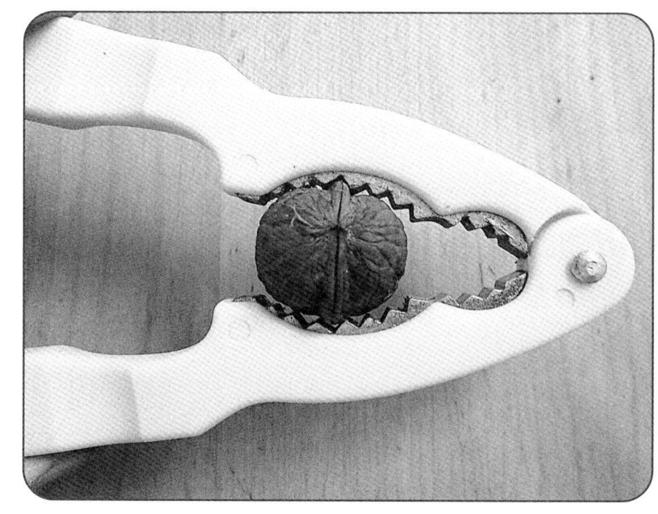

2. Schneidet aus dem Blatt Papier ein Dreieck für das Segel aus. Wenn ihr wollt, könnt ihr es bunt bemalen. Tropft anschließend auf die kurze Seite des Dreiecks etwas Klebstoff. Klebt dann einen Zahnstocher auf das Ende und wartet, bis der Klebstoff trocken ist.

Fotos: Dr. Silke Kerscher-Hack | ISBN 978-3-8346-3776-5 | www.verlagruhr.de

Kugel oder Scheibe (2/2)

3. Gebt etwas Knete in die Mitte eures Bootes. Steckt dann das Segel in die Knete.

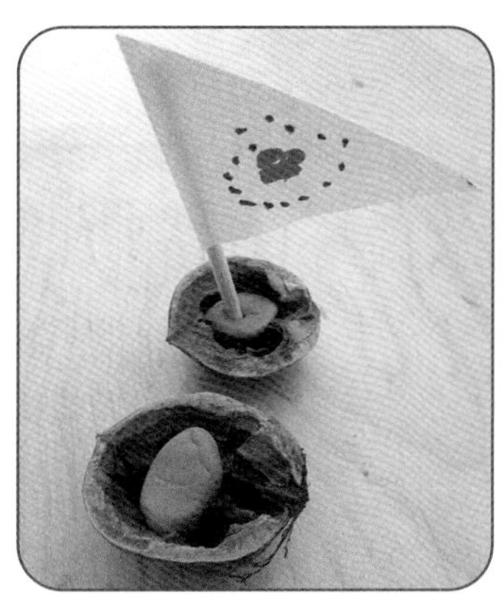

4. Formt aus der einen Hälfte der Knete eine Kugel, aus der anderen eine flache Scheibe.

5. Setzt euch so hin, dass ihr ganz flach über die Scheibe seht. An das andere Ende stellt ihr euer Boot. Nun bewegt ihr das Boot langsam auf euch zu. Was seht ihr als Erstes von eurem Boot?

6. Nehmt die Erdkugel. Setzt euch so hin, dass ihr nur von vorne, nicht aber von oben auf die Kugel sehen könnt. Ein Kind hält das Schiff an die Kugelrückseite und bewegt es langsam über die Kugel auf euch zu. Was seht ihr zuerst?

7. Stellt euch vor, ihr seid nun am Strand und schaut auf das Meer. Was seht ihr von den Schiffen als Erstes?

Fotos: Dr. Silke Kerscher-Hack | ISBN 978-3-8346-3776-5 | www.verlagruhr.de

15. Der Wasserkreislauf

Darum geht's – kindgerecht erklärt

Wenn die Sonne scheint, verdunstet auf der Erde Wasser aus Seen, Bächen und dem Meer. Das heißt, das Wasser wird zu Wasserdampf und befindet sich dann in der Luft. Dieser Wasserdampf schwebt mit der warmen Luft nach oben. Weit oben ist es jedoch kühler als hier unten auf der Erde. Die Folge ist, dass sich der Wasserdampf abkühlt und kleine Wassertröpfchen entstehen.
Man sagt: Er kondensiert. Viele dieser Tröpfchen bilden dann eine Wolke. Kühlt es weiter ab, fließen diese Tröpfchen zusammen: Sie werden größer und schwerer und fallen schließlich auf die Erde. Es regnet.

Was beim Versuch passiert

Die Kinder erhitzen über einem Teelicht Wasser. Je heißer dieses wird, umso mehr Wasserdampf entsteht. Schließlich beginnt das Wasser sogar zu kochen. Nach kurzer Zeit ist das Wasser verschwunden. Wenn die Kinder Salzwasser erhitzen, bleibt nur eine weiße Salzkruste zurück. Doch wo ist das Wasser hin? Wieder sichtbar machen lässt es sich mithilfe eines kalten Glases, an dem es kondensiert. Der dritte und letzte Versuch verdeutlicht den Wasserkreislauf noch mal: Die Sonne erwärmt Wasser, dieses verdunstet und kondensiert anschließend an der Obstschale.

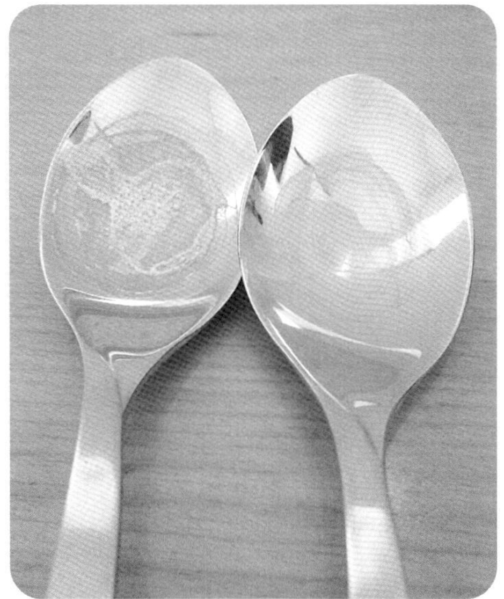

Wo das Phänomen vorkommt

Wasserdampf entsteht z. B. beim Wasserkochen. Der Dampf kondensiert anschließend wieder an den Küchenschränken etc. Ein weiteres Beispiel ist, dass während des Duschens der Spiegel beschlägt. Nach dem Lüften ist das Wasser am Spiegel verschwunden. Auch Pfützen, die nach einem Regen entstanden sind, verschwinden bei Sonnenschein wieder. Anschaulich wird das Phänomen auch in der Schule, wenn die Kinder mit Wasserfarben malen oder nach dem Wischen der Tafel das Wasser wieder verschwindet.

Kompetenzerwartungen

Die Kinder verstehen, wie der Wasserkreislauf funktioniert.

Materialliste

- Löffel
- etwas Salz
- Teelicht
- Streichhölzer
- Glas aus dem Gefrierfach/Kühlschrank
- flacher Teller
- kleine Obstschale
- Aluschälchen (z. B. von einem Teelicht) mit Deko (Erde, Muschel etc.)
- Versuchsanleitung „Wie kommt Wasser in die Wolke?" (S. 80/81)
- Glas Wasser

Das bereiten Sie vor

Stellen Sie die Materialien bereit. Kopieren Sie die Versuchsbeschreibung für jedes Kind. Stellen Sie am Tag vorher in der Schule Gläser in das Gefrierfach oder in den Kühlschrank. Wenn kein Kühlschrank vorhanden ist, können Sie alternativ eine gekühlte Kühlbox in die Schule mitbringen und die Gläser vor der Stunde in diese hineinstellen.

15. Der Wasserkreislauf

Stundenverlauf

Einstieg (10 Minuten)

Setzen Sie sich mit den Kindern in einen großen Kreis und stellen Sie ein Glas mit Wasser in die Mitte.
Fragen Sie:

- „Wozu brauchen wir Menschen Wasser?"
- „Wenn Wasser so wichtig ist, woher kommt es?"
- Je nach Antwort fragen Sie weiter, z. B.: „Woher kommt das Wasser aus der Wasserleitung/dem See/dem Fluss?"
- „Warum vertrocknet der See/Fluss nicht?"
- „Woher kommt der Regen?"
- „Wie kommt der Regen in die Wolken?"

Arbeitsphase (27 Minuten)

Teilen Sie die Kinder in 4er-Gruppen und weisen Sie jedem Team einen Gruppentisch mit den benötigten Materialien zu. Teilen Sie die Versuchsanleitung aus. Die Kinder arbeiten nun gemeinsam in den Gruppen weiter. Klären Sie während der Arbeitsphase die Fragen der Schüler und/oder unterstützen Sie die verschiedenen Gruppen aktiv bei der Durchführung des Versuchs.

Abschluss/Reflexion (8 Minuten)

Fragen Sie die Kinder,
- was passiert ist, als sie das Wasser über der Kerze erhitzt haben (Wasserdampf entsteht, Salz bleibt zurück),
- wo das Wasser hingegangen ist (Luft),
- was passiert ist, als sie das kalte Glas aus dem Tiefkühlfach/Kühlschrank genommen und danebengestellt haben (Wasser hat sich gebildet),
- woher das Wasser gekommen ist (aus der Luft).

➠ Erweiterung – Versuch „Der Mini-Wasserkreislauf"

Sehr schön lässt sich der Wasserkreislauf auch mit folgendem Versuch beobachten.

Was beim Versuch passiert

Wasser versickert im Boden und wird von den Pflanzen zum Wachsen aufgenommen, die das Wasser wieder durch Verdunstung abgeben. Zudem verdunstet das Wasser im feuchten Boden. Der Wasserdampf steigt nach oben und bildet an der Frischhaltefolie bzw. am Deckel Tropfen. Diese Tropfen fallen nach einiger Zeit wieder herunter. Es regnet. Der Kreislauf beginnt von Neuem. Wenn sich kein Schimmel bildet, kann die Pflanze lange im Glas wachsen, ohne dass man sie gießen muss.

Materialliste pro Kind

- großes Glas mit Deckel oder Frischhaltefolie und Gummi
- Holzkohle
- Kieselsteine
- ungedüngte Erde
- Zimmerpflanze/Moos, die/das viele Wasser mag. Die Pflanze sollte nicht blühen und nicht behaart sein.

Die Kinder notieren sich in den folgenden Stunden, was nach einer Woche, zwei Wochen, drei Wochen, nach zwei Monaten etc. passiert.

Wie kommt Wasser in die Wolke? (1/2)

Das braucht ihr:

- Löffel
- etwas Salz
- Teelicht
- Streichhölzer
- Glas aus dem Gefrierfach
- flacher Teller
- kleine Obstschale
- Aluschälchen, zum Beispiel von einem Teelicht, mit Deko (Gummibärchen, Muschel etc.)

So geht es:

1. Zündet das Teelicht an. Lasst euch hierbei von eurem Lehrer helfen. Gebt in euren Löffel 2 bis 3 Tropfen Wasser und haltet ihn über die Flamme.
Der Löffel sollte dabei dicht über der Kerze sein. Wartet bis das Wasser komplett weg ist.
Ist alles Wasser verdampft, müsst ihr den Löffel zügig von der Kerze wegnehmen. Denn sonst wird er heiß und ihr könntet euch verbrennen.

2. Wenn ihr wollt, könnt ihr den Versuch unter Punkt 1 mit Salzwasser wiederholen. Was fällt euch auf?

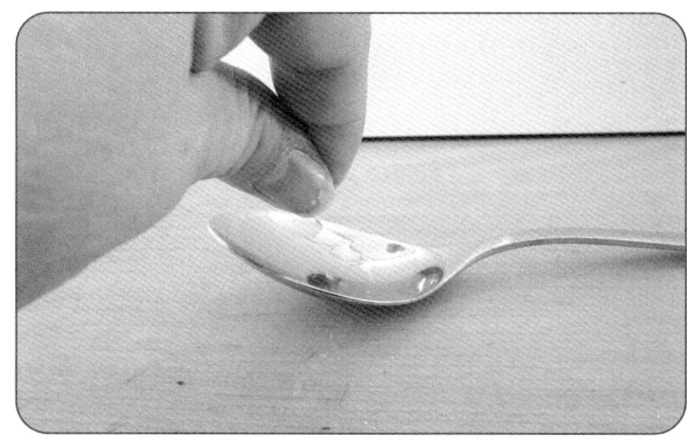

Fotos: Dr. Silke Kerscher-Hack | ISBN 978-3-8346-3776-5 | www.verlagruhr.de

Wie kommt Wasser in die Wolke? (2/2)

3. Wo ist das Wasser aus dem Löffel hin? Holt nun das Glas aus dem Gefrierfach. Stellt es auf euren Gruppentisch und wartet ab.

4. Den Wasserkreislauf könnt ihr auch mit folgendem Versuch sichtbar machen: Gebt etwas Wasser in den Teller und stellt das Aluschälchen hinein. Stülpt nun die Obstsschale darüber und stellt alles an einen sonnigen Ort. Überprüft am nächsten Tag, was passiert ist.

Fotos: Dr. Silke Kerscher-Hack | ISBN 978-3-8346-3776-5 | www.verlagruhr.de

Der Mini-Wasserkreislauf

Das brauchst du:

- großes Glas mit Deckel/ Frischhaltefolie mit Gummi
- Holzkohle/Katzenstreu
- Kieselsteine/kleine Steine
- ungedüngte Erde
- Zimmerpflanze/Moos, die/das viel Wasser mag. Die Pflanze sollte nicht blühen und nicht behaart sein
- Geduld

So geht es:

1. Fülle der Reihe nach Holzkohle/ Katzenstreu, Kieselsteine und Erde in das Glas. Danach sollte das Glas zu einem Drittel gefüllt sein.

2. Pflanze nun Moos oder eine Zimmerpflanze in das Glas. Wenn du willst, kannst du dein Glas noch mit Tannenzapfen, Steinen etc. verschönern.

3. Gieße dein Glas noch einmal mit etwas Wasser.

4. Verschließe es anschließend mit der Frischhaltefolie und dem Gummi. Es darf keine Luft mehr aus dem Glas herauskönnen. Stelle dein Glas an einen hellen Ort und warte ab.

Fotos: Dr. Silke Kerscher-Hack | ISBN 978-3-8346-3776-5 | www.verlagruhr.de

16. Die Farben des Himmels

Darum geht's – kindgerecht erklärt

Das Licht der Sonne stößt auf seinem Weg zur Erde mit kleinen Luft-, Wasser- und Staubteilchen zusammen. Dadurch ändert es seine Richtung. Physiker sagen: Es wird gestreut. Dieses gestreute Licht, das über Umwege zu unserem Auge gelangt, sehen wir immer dann, wenn wir nicht direkt in die Sonne schauen. Weißes Licht ist eine Mischung aus bunten Farben. Stößt es mit kleinen Luft-, Wasser- oder Staubteilchen zusammen, spaltet es sich in seine Bestandteile auf.
Mittags ist der Weg des Lichts relativ kurz. Es wird hauptsächlich Blau umgeleitet. Deswegen erscheint der Himmel am Tag blau. Abends oder morgens steht die Sonne niedriger, das Licht muss einen längeren Weg zurücklegen. Dann wird Blau so stark umgeleitet, dass v. a. Rot übrig bleibt, das wir dann sehen.

Was beim Versuch passiert

Milch besteht u. a. aus Fett in Form von kleinen Tröpfchen. Diese Fetttröpfchen bleiben auch dann bestehen, wenn Milch in Wasser getropft wird. Die Mischung erscheint trüb. Weißes Licht ist eine Mischung aus vielen verschiedenen Farben. Trifft dieses Licht auf die Fetttröpfchen, wird es in unterschiedliche Richtungen umgelenkt: Die Farbe Blau wird dabei stärker umgeleitet als z. B. die Farbe Rot. Wird Licht durch ein längliches Milch-Wasser-Gemisch geschickt, kommt auf der anderen Seite hauptsächlich Rot an. Schaut man von der Seite auf das längliche Gefäß, erscheint das Licht blau.

Wo das Phänomen vorkommt

Obwohl der Weltraum hinter dem Himmel schwarz ist, erscheint er uns blau. Morgens und abends färbt er sich sogar orange bis rot.
Auch das Mondlicht kann unterschiedlich gefärbt sein, wenn es auf seinem Weg zur Erde auf Wolken trifft.

Kompetenzerwartungen

Die Kinder verstehen, dass weißes Licht eine Mischung aus verschiedenen Farben ist und dass diese Farben, wenn sie auf kleine Teilchen treffen, unterschiedliche Wege einschlagen.
Sie lernen zudem, dass Menschen – je nachdem, wo sie stehen – unterschiedliche Farben sehen.

Materialliste pro Gruppe

- längliches bzw. hohes Glas, z. B. Blumenvase
- etwas zum Umrühren, z. B. einen Löffel
- Milch
- 1 Taschenlampe
- Versuchsanleitung „Das Himmelsblau- und Morgenrot-Experiment" (S. 85/86)

Für den gemeinsamen Versuch: 3 möglichst gleiche Taschenlampen; rote, blaue und gelbe Folie, z. B. Müll-säcke/Tüten; Tesafilm

Das bereiten Sie vor

Stellen Sie die Materialien bereit. Kopieren Sie die Versuchsbeschreibung für jedes Kind.

16. Die Farben des Himmels

Stundenverlauf

Einstieg (5 Minuten)

Erzählen Sie den Kindern, dass sie sich heute mit dem Thema „Farben des Himmels" beschäftigen werden. Fragen Sie sie, welche Farben sie am Himmel schon einmal beobachtet haben. Haben die Kinder eine Idee, wie diese unterschiedlichen Farben entstehen?

Arbeitsphase (30 Minuten)

Teilen Sie die Versuchsanleitung aus. Führen Sie dann das erste Experiment gemeinsam mit den Schülern durch (siehe 1. und 2. beim Versuch „Das Himmelsblau- und Morgenrot-Experiment"). Teilen Sie anschließend die Kinder in 4er-Gruppen und weisen Sie jedem Team einen Gruppentisch mit den benötigten Materialien zu.
Die Kinder arbeiten nun gemeinsam in den Gruppen weiter. Klären Sie während der Arbeitsphase die Fragen der Schüler und/oder unterstützen Sie die verschiedenen Gruppen aktiv bei der Durchführung des Versuchs.

Abschluss/Reflexion (10 Minuten)

Die Kinder finden sich im Sitzkreis. Erkundigen Sie sich, was die Kinder bei dem Versuch mit den drei, mit unterschiedlicher Folie beklebten Taschenlampen beobachtet haben. Demnach besteht also weißes Licht aus verschiedenen Farben. Fragen Sie die Kinder, wie es sein kann, dass wir Menschen, je nachdem wo wir stehen, von dem gleichen Licht unterschiedliche Farben sehen.
Sagen Sie Ihren Schülern, dass sie nun den Weg des Lichts nachspielen. Wählen Sie hierfür drei Freiwillige aus, die sich eng zusammen in die Mitte stellen.
Jedes der Kinder stellt nun eine der drei Farben Rot, Gelb und Blau dar. Zusammen sind sie die Farbe Weiß. (Dies wurde mit dem ersten, gemeinsam durchgeführten Experiment bewiesen.) Diese drei gehen nun zusammen auf eines der sitzenden Kinder zu. Welche Farbe erkennt das sitzende Kind? (Weiß.) Wählen Sie nun einen weiteren Freiwilligen aus, der ein Fettteilchen (siehe Versuch) oder Wasserteilchen (Atmosphäre) verkörpert. Dieses Kind stellt sich nun innerhalb des Kreises etwa fünf Schritte entfernt von den drei Farb-Kindern auf. Erklären Sie, dass der Lichtstrahl auf seinem Weg durch das Glas bzw. in Richtung Erde auf kleine Teilchen trifft, die die unterschiedlichen Farben unterschiedlich umlenken. Die drei Farben-Kinder gehen nun langsam auf das einzelne, stehende Kind zu. Bei diesem angekommen, geht eines der Farben-Kinder geradeaus, eines links und das andere rechts – und zwar solange, bis jedes Farben-Kind auf ein sitzendes Kind trifft. Welche Farbe sieht das sitzende Kind?

➽ Erweiterung – Versuch „Der Regenbogenversuch"

Regenbogen entstehen, wenn weißes Licht durch einen Wassertropfen unterschiedlich gebrochen wird.

Was beim Versuch passiert

Regenbogen kann man auch einfach selber herstellen. Hierfür müssen die Schüler nur mit einer Taschenlamp durch ein Glas Wasser leuchten. Einen Regenbogen kann aber man nicht nur mit Wasser erzeugen, sondern auch mithilfe einer CD. Denn auf einer CD sind sehr feine Rillen. Trifft Licht z. B. aus einer Taschenlampe auf die CD, spaltet sich es in all seine Farben auf. Bei diesen Versuchen wird in 4er-Gruppen gearbeitet.

Materialliste pro Gruppe

- Glas Wasser
- Spiegel
- große Taschenlampe
- CD

Das Himmelsblau- und Morgenrot-Experiment (1/2)

Das braucht ihr:

- längliches bzw. hohes Glas, zum Beispiel Blumenvase
- etwas zum Umrühren, zum Beispiel einen Löffel
- Milch
- 1 Taschenlampe
- Für den gemeinsamen Versuch: 3 möglichst gleiche Taschenlampen; rote, blaue und gelbe Folie, zum Beispiel Müllsäcke/Tüten; Tesafilm

So geht es:

1. Diesen Versuch führt ihr alle gemeinsam mit eurer Lehrerin durch. Klebt vor die eine Taschenlampe eine rote Folie. Vor die zweite Taschenlampe klebt ihr eine gelbe und vor die dritte Taschenlampe eine blaue Folie.

2. Verdunkelt den Raum etwas. Sucht euch eine weiße Fläche und leuchtet mit den Taschenlampen auf einen Punkt. Erkennt ihr das weiße Licht? Leuchtet zur Probe mit jeder Taschenlampe einzeln auf die weiße Wand.

Fotos: Dr. Silke Kerscher-Hack | ISBN 978-3-8346-3776-5 | www.verlagruhr.de

Das Himmelsblau- und Morgenrot-Experiment (2/2)

3. Macht nun das Licht wieder an: Füllt in das Glas Wasser. Gebt anschließend ein paar Tropfen Milch hinein und rührt um. Das Gemisch sollte trüb sein. Dann könnt ihr den Raum wieder etwas verdunkeln.

4. Leuchtet mit einer Taschenlampe durch das Wasser. Welche Farbe hat das Licht, wenn ihr von der Seite auf den Lichtstrahl schaut? Und wie sieht das Licht aus, wenn ihr durch den Behälter in Richtung Taschenlampe schaut? (Bei einer Vase leuchtet man von oben und guckt von der Seite und unten.)

Tipp:
Wenn fast weißes Licht unten ankommt, müsst ihr noch etwas Milch hinzugeben.

Fotos: Dr. Silke Kerscher-Hack | ISBN 978-3-8346-3776-5 | www.verlagruhr.de

Der Regenbogenversuch

Das braucht ihr:
- Glas Wasser
- Spiegel
- große Taschenlampe
- CD

So geht es:

1. Füllt das Glas mit Wasser und dunkelt den Raum etwas ab. Stellt das Wasserglas auf die Taschenlampe. Alternativ kann auch ein Kind das Glas halten, während ein anderes mit der Taschenlampe von unten leuchtet.

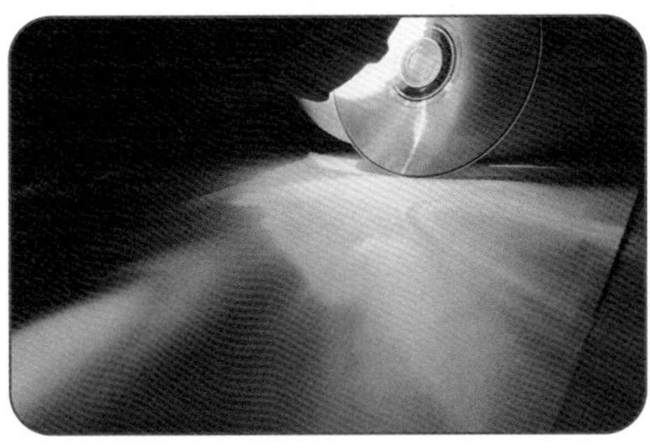

2. Schaltet die Taschenlampe ein und schaut an die Decke. Seht ihr die Regenbogenfarben? Versucht, mit dem Spiegel die Regenbogenfarben auf den Boden zu spiegeln.

3. Leuchtet mit der Taschenlampe schräg auf die Unterseite einer CD. Die Schutzschicht zerteilt das Licht ebenso wie Wasser. Wenn ihr keine Farben erkennen könnt, müsst ihr vorsichtig die Position (steiler, flacher, näher heran oder weiter weg) der Taschenlampe verändern. Auch Seifenblasen leuchten in den Farben des Regenbogens. Probiert es aus.

Tipp:
Regenbogenfarben werden auch sichtbar, wenn ihr ein Glas mit Wasser in die Sonne stellt.

Fotos: Dr. Silke Kerscher-Hack | ISBN 978-3-8346-3776-5 | www.verlagruhr.de

17. Blitz und Donner

Darum geht's – kindgerecht erklärt

Im Sommer oder Spätfrühling ist die Luft häufig warm und feucht. Diese warme, feuchte Luft steigt nach oben. Weit oben ist es jedoch kühler als unten auf der Erde. Die Folge ist, dass der Wasserdampf abkühlt und kleine Wassertröpfchen entstehen. Viele dieser Tröpfchen bilden eine Wolke.
Steigt die warme Luft weiter nach oben, kann ein Gewitter entstehen. Die Wassertröpfchen kühlen dann ab und gefrieren zu kleinen Eiskugeln. Diese sinken in der Wolke herab und werden dann wieder nach oben gerissen. Diese Eiskugeln sind nicht allein in der Wolke, sondern zusammen mit vielen, vielen anderen Tröpfchen und Eiskugeln. In der Wolke herrscht ein regelrechtes Gedränge. Beim ständigen Auf und Ab reiben sie sich aneinander. Dadurch laden sie sich elektrisch auf. Die Wolke möchte diese Ladung jedoch wieder loswerden. Dies geschieht in Form von Blitzen.

Was beim Versuch passiert

Alles um uns herum besteht aus Atomen. Das sind winzig kleine Teilchen, die positive und negative Ladungen enthalten. Eine Sache hat keine elektrische Ladung, wenn sie gleich viele positive wie negative Ladungen besitzt. Jedoch können negative Ladungen auf andere Dinge übertragen werden. Reibt man z. B. einen Luftballon an einem Wollpullover, gehen elektrische Ladungen vom Wollpullover auf den Ballon über. Der Ballon ist dann elektrisch aufgeladen. Allerdings möchte der Luftballon diese elektrische Ladung wieder loswerden. Hält man nun den Luftballon über Papierschnipsel, zieht er diese an und gibt elektrische Ladung ab.

Wo das Phänomen vorkommt

Gewitter sind ein häufiges Naturphänomen im Sommer bzw. Spätfrühling. Aber auch Menschen können elektrisch geladen sein, wenn sie beispielsweise über einen Teppich gehen.

Kompetenzerwartungen

Die Kinder erkennen, dass sich Gegenstände durch Reibung elektrisch aufladen können, dass die elektrisch geladenen Gegenstände die Ladung wieder loswerden wollen und dies in Form von Blitzen geschieht.

Materialliste pro Gruppe

- etwas aus Wolle, z. B. einen Pullover
- Luftballon
- Strohhalm
- Blatt Papier
- Tesafilm, Schere
- etwas aus Metall, z. B. einen Türknauf
- Versuchsanleitung „Der Blitz im Klassenzimmer" (S. 90)

Das bereiten Sie vor

Stellen Sie die Materialien bereit. Kopieren Sie die Versuchsbeschreibung sowie das Arbeitsblatt pro Kind einmal.

17. Blitz und Donner

Stundenverlauf

Einstieg (5 Minuten)

Erzählen Sie den Kindern, dass Sie sich heute mit dem Thema Gewitter befassen möchten. Fragen Sie sie, was ein Gewitter ist und wann es normalerweise auftritt. Haben die Kinder Ideen, wie Gewitter entstehen?

Arbeitsphase (30 Minuten)

Teilen Sie die Kinder in 2er-Gruppen und weisen Sie jedem Team einen Gruppentisch mit den benötigten Materialien zu. Teilen Sie die Versuchsanleitung aus. Die Kinder arbeiten nun gemeinsam in den Gruppen weiter.
Klären Sie während der Arbeitsphase die Fragen der Schüler und/oder unterstützen Sie die verschiedenen Gruppen aktiv bei der Durchführung des Versuchs.

Abschluss/Reflexion (10 Minuten)

Teilen Sie die Arbeitsblätter aus und vervollständigen Sie diese gemeinsam mit den Schülern.

Lösung Arbeitsblatt

1. tröpfchen
2. elektrisch
3. Blitz
4. donnert
5. hört
6. sieht
7. langsamer

➽ Erweiterung – „Langsamer Donner" (draußen)"

Die Luft um einen Blitz wird sehr heiß. Es gibt einen lauten Knall, den sog. Donner. Blitz und Donner enstehen immer gleichzeitig, dennoch sehen wir zuerst den Blitz und hören erst etwas später den Donner. Das liegt daran, dass das Licht sich schneller ausbreitet als der Schall des Donners.

Was beim Versuch passiert

Ein Luftballon wird mit Mehl befüllt und aufgeblasen. Stellen Sie sich etwa 200 Schritte von ihren Schülern entfernt hin und stechen Sie die Nadel in den Ballon. Halten Sie den Ballon weit von sich, damit Sie nicht staubig werden. Die Schüler sehen zuerst die Mehlwolke und hören dann erst den Knall.

Materialliste pro Klasse

- Luftballon
- Trichter
- etwas Mehl
- Stecknadel
- Löffel
- Versuchsanleitung „Langsamer Donner" (S. 92)

Der Blitz im Klassenzimmer

Das braucht ihr:
- etwas aus Wolle, z. B. einen Pullover
- Luftballon
- Strohhalm
- Blatt Papier
- Tesafilm, Schere
- etwas aus Metall, z. B. einen Türknauf

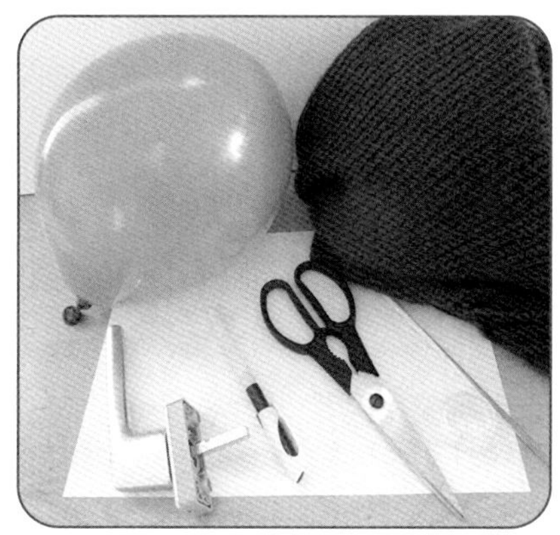

So geht es:

1. Pustet den Luftballon auf und reibt ihn an dem Wollpullover. Haltet anschließend den Ballon an eure Haare.
2. Schneidet Papierschnipsel aus. Ihr könnt auch die Kreise aus einem Locher verwenden. Verteilt ein paar Schnipsel auf dem Tisch. Reibt den Luftballon an dem Wollpullover und haltet ihn über die Schnipsel.

3. Alternativ könnt ihr auch aus einem Papier oder Seidenpapier längliche Streifen ausschneiden. Befestigt diese an einem Strohhalm. Reibt den Luftballon an dem Wollpullover und haltet ihn an den Strohhalm.

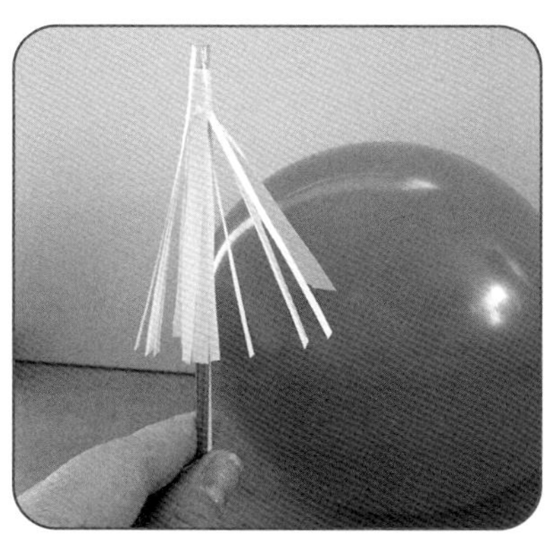

4. Reibt den Luftballon bzw. den Kamm am Wollpullover und haltet ihn an das Metall. Hört ihr, wie es knistert? Dunkelt den Raum ab und wiederholt den Versuch. Mit etwas Glück seht ihr kleine Blitze.

Fotos: Dr. Silke Kerscher-Hack | ISBN 978-3-8346-3776-5 | www.verlagruhr.de

Weißt du, wie Blitze entstehen?

Fülle die Lücken aus.

In einer Gewitterwolke befinden sich sehr viele

Wasser .... und Eiskristalle.

Diese wirbeln wild umher. Dabei reiben sie sich aneinander und

laden sich .... auf.

Die Wolke möchte diese Ladung wieder loswerden. Ein ....

entsteht. Dieser bringt die Luft zum Glühen.

Gleichzeitig mit dem Blitz .... es auch. Allerdings

.... man den Donner immer etwas später, als man

den Blitz ...., da sich der Schall des Donners

.... ausbreitet als das Licht.

Foto: © serkucher – Fotolia.com | ISBN 978-3-8346-3776-5 | www.verlagruhr.de

Langsamer Donner

Das braucht ihr:
- Luftballon
- Trichter
- etwas Mehl
- Stecknadel
- Löffel

So geht es:

1. Füllt mithilfe des Trichters etwas Mehl in den Luftballon. Blast den Luftballon anschließend auf und verknotet ihn.

2. Ein Kind oder eurer Lehrer stellt sich etwas entfernt von euch hin (ca. 200 Schritte). Das Kind oder eurer Lehrer nimmt nun die Nadel und sticht sie in den Ballon. Seht ihr zuerst die Mehlwolke oder hört ihr zuerst den Knall?

Fotos: Dr. Silke Kerscher-Hack | ISBN 978-3-8346-3776-5 | www.verlagruhr.de

Mini-Einheit: Experimente mit Hitze und Kälte**

Hitze dehnt aus

Darum geht's – kindgerecht erklärt

Die meisten Stoffe dehnen sich aus, wenn sie warm werden – egal, ob es sich um feste, flüssige oder gasförmige Stoffe handelt. Luft beispielsweise besteht aus winzigen Teilchen, den Molekülen. Diese sind so klein, dass man sie nicht sehen kann.
Wenn es kalt ist, bewegen sich diese Moleküle langsam, wenn es warm ist, dagegen sehr schnell. Je schneller sie sich jedoch bewegen, umso mehr Platz brauchen sie. Man sagt: Sie dehnen sich aus.

Was beim Versuch passiert

Wie viel Platz die verschiedenen Stoffe benötigen, ist sehr unterschiedlich. Warme Luft beispielsweise benötigt mehr Platz als gleich warmes Wasser. Grund hierfür ist, dass die winzigen Luftteilchen nicht so stark zusammenhalten wie die Wasserteilchen.
In dem selbst gebastelten Thermometer befinden sich sowohl Luft- als auch Wasserteilchen.
Wird das Thermometer z. B. in die Sonne gestellt, dehnen sich Luft und Wasser in der Flasche aus. Aus der Flasche kann jedoch keine Luft heraus – sie ist ja luftdicht verschlossen. Daher drücken die Luftteilchen so stark auf die Wasseroberfläche, dass das Wasser in den Strohhalm steigt.
Wenn es kühl ist, zieht sich die Luft zusammen, das Wasser hat wieder mehr Platz. Man kann dies am Sinken des Wasserstands im Strohhalm sehen.

Wo das Phänomen vorkommt

Z. B. bei einem Thermometer oder einem Thermostat (an Heizkörpern). Außerdem kann es bei Straßen zu Hitzeschäden, sog. „Blow-ups" kommen. Auch Brücken und Eisenbahnschienen dehnen sich bei Hitze aus. Brücken und Eisenbahnschienen besitzen daher Dehnfugen, damit sie nicht kaputtgehen. Luftmatratzen pusten sich auf, wenn sie in der Sonne liegen.
Als Reaktion auf das Phänomen werden Eier beispielsweise vor dem Kochen angestochen. Denn beim Erwärmen dehnt sich die Luft aus, die im Ei eingeschlossen ist. Die Schale könnte platzen.
Wie auch schon zuvor erwähnt, wird Marmelade noch heiß in das Glas gefüllt und dieses verschraubt. Beim Abkühlen zieht sich die Luft im Glas zusammen. Wenn du es nun öffnest, kannst du das bekannte Klicken hören.

Kompetenzerwartungen

Die Kinder wissen, dass warme Stoffe sich ausdehnen (Wärmeausdehnung) und kalte Stoffe sich zusammenziehen. Sie erfahren, dass verschiedene, gleich warme Stoffe unterschiedlich viel Platz benötigen.

Materialliste pro Kind

- leere Plastik-/Glasflasche mit Deckel
- spitze Schere
- Knete
- Strohhalm, am besten durchsichtig
- Lebensmittelfarbe
- Filzstift
- Papier
- Lineal
- etwas Zeit
- Anleitung „Thermometer selbst bauen" (S. 96/97)

Das bereiten Sie vor

Stellen Sie die Materialien bereit. Kopieren Sie die Anleitung für jedes Kind.

18. Hitze dehnt aus

Stundenverlauf

Einstieg (10 Minuten)

Die Kinder stehen auf und gehen in die Mitte des Raums. Sollten Sie dort Platzprobleme haben, könnten Sie vielleicht Tische und Stühle kurzzeitig beiseiteschieben. Erzählen Sie ihnen, dass Sie sich heute mit dem Thema „warme und kalte Luft" beschäftigen wollen. Erklären Sie Ihren Schülern, dass Luft aus winzigen Teilchen, den Molekülen, besteht und dass jedes Kind nun so ein Luftteilchen ist. Lassen Sie die Kinder zuerst ganz eng beieinanderstehen. Erklären Sie, dass das die Luftteilchen auch machen, wenn es sehr kalt ist. Je wärmer es ist, desto mehr bewegen sie sich. Lassen Sie nun Ihre Schüler sich immer mehr bewegen und auch vor- und zurückspringen. Dabei ist es wichtig, auf seinen Nachbarn aufzupassen, damit es zu keinem Zusammenstoß kommt. Beenden Sie nach einer kurzen Zeit die Bewegungsphase und lassen Sie Ihre Schüler „erstarren". Fällt den Kindern etwas auf? Erklären Sie, dass auch Luftteilchen umso mehr Platz benötigen, je schneller sie sich bewegen.

Arbeitsphase (30 Minuten)

Teilen Sie die Kinder in 4er-Gruppen und weisen Sie jedem Team einen Gruppentisch mit den benötigten Materialien zu. Teilen Sie die Versuchsanleitung „Thermometer selbst bauen" aus. Die Kinder arbeiten nun gemeinsam in den Gruppen weiter. Klären Sie während der Arbeitsphase die Fragen der Schüler und/oder unterstützen Sie die verschiedenen Gruppen aktiv bei der Durchführung des Versuchs.

Abschluss/Reflexion (5 Minuten)

Die Kinder finden sich im Sitzkreis zusammen. Stellen Sie eines der gebastelten Thermometer in die Mitte und fragen Sie:

- „Wie funktioniert das Thermometer?"
- „Warum steigt in der Sonne das Wasser im Strohhalm nach oben und sinkt in der Kälte wieder?"

Überlegen Sie gemeinsam mit den Kindern, wo das Phänomen noch auftritt (z. B. Brücke, Straße, Eisenbahn etc.).

Erweiterung – Versuch „Der Luftballonversuch"

Auch der Luftballonversuch zeigt sehr schön, dass warme Luft mehr Platz benötigt als kalte. Der Lehrer führt diesen Versuch gemeinsam mit der Klasse durch.

Was beim Versuch passiert

Stülpt man einen Luftballon über eine Flasche und stellt diese anschließend in heißes Wasser, richtet sich der Luftballon auf. Grund hierfür ist, dass warme Luft mehr Platz braucht als kalte. Andersherum funktioniert es auch: Stülpt man einen Luftballon über eine noch warme Flasche und lässt diese dann abkühlen, kühlt auch die Luft in Flasche ab. Sie braucht nun weniger Platz und zieht sich zusammen. Dadurch wird der Luftballon in die Flasche gezogen.

Materialliste pro Klasse

- Schüssel, die Hitze aushält
- Flasche, die Hitze aushält
- Luftballon
- Wasserkocher
- Eis
- Versuchsanleitung „Der Luftballonversuch" (S. 98)

Thermometer selbst bauen (1/2)

Das braucht ihr:
- leere Plastik-/Glasflasche mit Deckel
- spitze Schere
- Knete
- Strohhalm, am besten durchsichtig
- Lebensmittelfarbe
- Filzstift
- Papier
- Lineal

So geht es:

1. Zuerst füllt ihr in die Flasche so lange Wasser, bis sie halb voll ist. Gebt nun etwas Lebensmittelfarbe in die Flasche. Dadurch könnt ihr den Wasserstand später besser ablesen.

2. Legt den Deckel auf den Tisch und bohrt vorsichtig mit der Schere ein Loch hinein. Lasst euch hier von eurem Lehrer helfen. Anschließend schraubt ihr den Deckel auf die Flasche und steckt den Strohhalm hindurch. Verschließt nun das Loch um den Strohhalm mit etwas Knete. Achtet darauf, dass die Flasche luftdicht verschlossen ist. Sonst funktioniert das Thermometer nicht.

Fotos: Dr. Silke Kerscher-Hack | ISBN 978-3-8346-3776-5 | www.verlagruhr.de

Thermometer selbst bauen (2/2)

3. Dreht den Deckel leicht auf, sodass wieder etwas Luft in die Flasche gelangen kann. Ein Kind saugt mit dem Mund etwas Wasser in den Strohhalm und verschließt die Öffnung des Strohhalms mit der Zunge. Ein anderes Kind schraubt nun den Deckel wieder zu. Der Strohhalm sollte den Flaschenboden nicht berühren.

4. Schneidet einen Papierstreifen aus und befestiget diesen am Strohhalm. Nach etwa einer Stunde könnt ihr auf diesem den ersten Messwert eintragen: Zimmertemperatur. Wer es genauer haben möchte, liest die Temperatur von einem Thermometer ab. In den nächsten Tagen könnt ihr so die Skala ergänzen.

Tipp:
Stellt euer Thermometer auch in den Kühlschrank oder erwärmt es vorsichtig mit euren Händen.

Der Luftballonversuch

Das braucht ihr:
- Schüssel, die Hitze aushält
- Flasche, die Hitze aushält
- Luftballon
- Wasserkocher
- Eis

So geht es:

1. Stülpt einen Luftballon auf die Flasche und gebt vorsichtig etwas heißes Wasser in die Schüssel.

2. Lasst nun die Flasche etwas abkühlen und legt sie in Eiswasser. Aber Achtung: In die Flasche sollte kein Wasser gelangen. Schaut, was passiert.

Tipp:
Noch deutlicher wird der Effekt, wenn ihr den Luftballon auf eine noch warme Flasche stülpt.

Fotos: Dr. Silke Kerscher-Hack | ISBN 978-3-8346-3776-5 | www.verlagruhr.de

19. Wärme macht leichter

Darum geht's – kindgerecht erklärt

Heißes und kaltes Wasser sind nicht gleich schwer. Man sagt: Sie haben eine unterschiedliche Dichte. Grund hierfür ist folgender: Wasser besteht aus winzigen Teilchen, den Molekülen. Diese sind so klein, dass man sie nicht sehen kann. Aber sie sind da. Im kalten Wasser bewegen sich diese Moleküle langsam, in heißem Wasser dagegen sehr schnell. Je schneller sie sich jedoch bewegen, umso mehr Platz brauchen sie. Bei Menschen ist dies ähnlich. Jemand, der ganz ruhig auf seinem Platz steht, benötigt weniger Raum als jemand, der ständig auf und ab läuft sowie vor- und zurückspringt. Das Gleiche gilt für Wasser. Füllt man warmes und kaltes Wasser in zwei gleich große Tassen, so befinden sich in dem Becher mit dem warmen Wasser weniger Moleküle als in dem mit dem kalten Nass. Das warme Wasser ist somit leichter.

Was beim Versuch passiert

Für den Versuch wird ein kleines Fläschchen mit heißem Wasser in ein großes Gefäß, das mit kaltem Wasser gefüllt ist, gestellt (siehe Anleitung). Da das heiße Wasser leichter ist, strömt es aus dem Fläschchen heraus und „schwimmt" oben auf dem kalten Wasser. Kaltes Wasser aus dem großen Gefäß dagegen fließt in das kleine Fläschchen hinein. Das Wasser im kleinen Fläschchen wird kälter. Während sich das kalte Wasser langsam erwärmt, kühlt das heiße Wasser ab. Und zwar so lange, bis beide gleich warm sind. Anschließend vermischen sich beide, da sie nun gleich schwer sind. Wird der Versuch umgedreht, also in das kleine Fläschchen kaltes und in das große Gefäß heißes Wasser eingefüllt, bleibt das kalte Wasser unten in dem Gefäß. Legt man das Fläschchen hin, strömt das kalte Wasser langsam heraus und sammelt sich aufgrund seiner größeren Dichte am Boden.

Wo das Phänomen vorkommt

Zum Beispiel beim Erwärmen von Wasser in einem Topf oder im Meer: Das kalte Wasser, das von den Polarmeeren kommt, fließt aufgrund seiner großen Dichte am Grund der Ozeane, während das warme Wasser aus den tropischen Meeren und vom Äquator an der Oberfläche fließt.
Auch in der Luft kommt das Phänomen vor: Die unterschiedlichen Oberflächen wärmen sich unterschiedlich auf. Die Luft über der Erde wird schneller warm und steigt nach oben. Die Luft über dem Meer erwärmt sich langsamer und ist dadurch kühler. Sie strömt nach, also vom Meer zum Land.
Zudem nutzt ein Heißluftballon diesen Effekt.

Kompetenzerwartungen

Die Kinder lernen, dass heißes Wasser eine geringere Dichte hat als kaltes Wasser und dadurch leichter ist. Sie erfahren, dass heißes und kaltes Wasser seine Temperatur und dadurch auch seine Dichte ändern kann. Außerdem erkennen sie, dass Wasser mit gleicher Temperatur gleich schwer ist und sich verteilt und diese Erscheinungen nicht nur im Wasser, sondern auch in der Luft überall im Alltag stattfinden.

Materialliste pro Gruppe

- großes Glas, z. B. Marmeladenglas
- kleines Fläschchen, z. B. Parfumfläschchen
- heißes und kaltes Wasser sowie evtl. Eiswürfel
- Tinte oder Lebensmittelfarbe und evtl. einen kleinen Löffel
- (Bastel-)Draht
- Versuchsanleitung „Wärme macht leichter" (S. 101/102)
- Arbeitsblatt „Weißt du, warum Heißluftballone fliegen?" (S. 103)

Das bereiten Sie vor

Stellen Sie die Materialien bereit. Kopieren Sie die Anleitung und das Arbeitsblatt für jedes Kind.

19. Wärme macht leichter

Stundenverlauf

Einstieg (10 Minuten)

Lesen Sie den Kindern folgende Geschichte vor:

„Was gibt es zu essen? Ich habe nämlich Riesenhunger!" Ben stürmt in die Küche, in der Papa schon eifrig Gemüse schneidet. „Gemüsesuppe", antwortet Papa. – „Oh nee. Ich mag kein Gemüse", mault Ben. – „Du hast sie ja noch gar nicht probiert", erwidert Papa und verarbeitet die letzte Karotte zu kleinen Scheiben. „Komm, hilf mir mal und schmeiß das in den Topf zu der Brühe. Aber pass auf, das Wasser ist heiß!", fordert er seinen Sohn auf und reicht ihm einen großen Teller mit kleinen Kartoffel- und Karottenstücken. Ben murmelt noch etwas vor sich hin und befördert ein Kartoffelteilchen nach dem anderen ins Wasser. Er wird immer nachdenklicher. „Du, Papa", meldet sich Ben nach einiger Zeit. – „Ja, was ist?", antwortet Papa. – „Sag mal, wieso ist das Wasser oben heiß?", fragt Ben. „Die Herdplatte ist doch unten, das heißt doch, dass das Wasser unten warm wird. Oben müsste es doch kalt sein, oder?", überlegt Ben. – „Gute Frage! Weißt du was, ich bin gleich fertig. Dann können wir uns ja überlegen, warum das so ist", sagt Papa.

Besprechen Sie die Geschichte zunächst kurz anhand der folgenden Fragen:

- Gibt es Verständnisfragen?
- Haben die Kinder Vermutungen, warum das warme Wasser im Topf oben ist?
- Kennen die Kinder Erscheinungen aus dem Alltag mit dem gleichen Phänomen?

Arbeitsphase (25 Minuten)

Teilen Sie die Kinder in 4er-Gruppen und weisen Sie jedem Team einen Gruppentisch mit den benötigten Materialien zu. Teilen Sie die Versuchsanleitung „Wärme macht leichter" aus. Die Kinder arbeiten nun gemeinsam in den Gruppen weiter. Klären Sie während der Arbeitsphase die Fragen der Schüler und/oder unterstützen Sie die verschiedenen Gruppen aktiv bei der Durchführung des Versuchs.

Abschluss/Reflexion (10 Minuten)

Die Kinder versammeln sich im Sitzkreis. Geben Sie den Kindern die Möglichkeit zu erzählen, was sie beobachtet haben. Ermutigen Sie sie, ihre Vermutungen vorzustellen. Überlegen Sie zusammen mit den Kindern, wie der Versuch mit der Geschichte vom Anfang der Stunde zusammenhängt. Lassen Sie die Kinder die Rolle des Vaters übernehmen, der Ben das Phänomen erklärt. Teilen Sie die Arbeitsblätter aus. Die Schüler kehren an ihren Platz zurück und versuchen gemeinsam, diese zu vervollständigen.

➽ Erweiterung – Versuch „Wärme macht leichter"

Die Wasser- bzw. Luftbewegungen lassen sich auch mit folgendem Versuch sichtbar machen. Der Lehrer führt diesen Versuch gemeinsam mit der Klasse durch.

Was beim Versuch passiert

Die Kerze erwärmt das Wasser unten im Glas. Das Wasser wird leichter. Es steigt nach oben und nimmt die Tinte mit.

Materialliste pro Klasse

- Glas, das Hitze aushält, z. B. ein Teeglas
- etwas Tinte
- Stövchen, Teelicht mit Zündhölzern
- evtl. eine Schere
- Versuchsanleitung „Wärme macht leichter" (S. 101/102)

Lösung Arbeitsblatt

1. Teilchen
2. schneller
3. mehr
4. leichter
5. oben

Wärme macht leichter (1/2)

Das braucht ihr:
- großes Glas, zum Beispiel Marmeladenglas
- kleines Fläschchen, zum Beispiel Parfumfläschchen
- heißes und kaltes Wasser sowie eventuell Eiswürfel
- Tinte oder Lebensmittelfarbe und eventuell einen Löffel
- (Bastel-)Draht

So geht es:

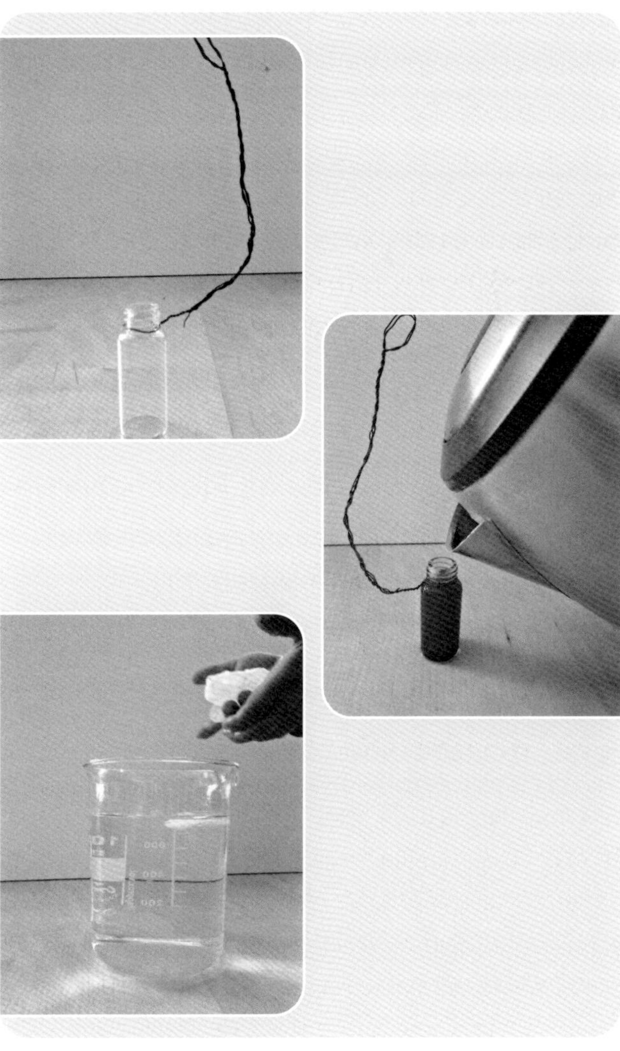

1. Zuerst bastelt ihr aus dem Draht eine Schlaufe. Danach befestigt ihr den Draht an dem kleinen Fläschchen.

2. Füllt einige Tropfen Tinte oder etwas Lebensmittelfarbe in das kleine Fläschchen mit der Schlaufe. Anschließend gibt euer Lehrer vorsichtig heißes Wasser hinzu. Fasst das Fläschchen nur noch an dem Draht an. Denn sonst verbrennt ihr euch, da das Fläschchen sehr heiß wird. Alternativ könnt ihr sehr warmes Wasser verwenden.

3. Füllt nun das große Glas mit kaltem Wasser auf. Wer will, kann noch ein paar Eiswürfel dazugeben.

Fotos: Dr. Silke Kerscher-Hack | ISBN 978-3-8346-3776-5 | www.verlagruhr.de

Wärme macht leichter (2/2)

4. Nun nehmt ihr den Draht, den ihr um das kleine Fläschchen gewickelt habt. Mit diesem stellt ihr das kleine Fläschchen vorsichtig in das große Glas.

5. Schaut auch, was passiert, wenn ihr
- den Versuch lange stehen lasst,
- in das große Glas warmes Wasser und in das kleine Fläschchen kaltes Wasser füllt.
  Legt dazu das kleine Fläschchen in das große Glas (nicht stellen wie beim vorherigen Versuch!).

Fotos: Dr. Silke Kerscher-Hack | ISBN 978-3-8346-3776-5 | www.verlagruhr.de

Weißt du, warum Heißluftballone fliegen?

© dchintz – Fotolia.com

© SE Viera Photo – Fotolia.com

Kleiner Tipp: Die Luft im Ballon ist heißer als die Luft um den Ballon herum.

Lösung:

Auch Luft besteht aus Molekülen.

Das sind winzig kleine ....

Je wärmer sie sind, umso .... bewegen sie sich.

Dadurch brauchen sie .... Platz.

Warme Luft ist also .... als kalte Luft.

Sie steigt nach ....

Der Luftballon mit der heißen Luft fliegt!

ISBN 978-3-8346-3776-5 | www.verlagruhr.de

Wärme macht leichter: Wasserbewegungen

Das braucht ihr:

- Glas, das Hitze aushält, zum Beispiel ein Teeglas
- etwas Tinte
- Stövchen
- Teelicht mit Zündhölzern
- eventuell eine Schere
- etwas Geduld und eine ruhige Hand

So geht es:

1. Füllt in das Teeglas kaltes Wasser und stellt dieses ganz vorsichtig auf ein Stövchen. Achtet darauf, dass das Wasser sich nicht viel hin und her bewegt.

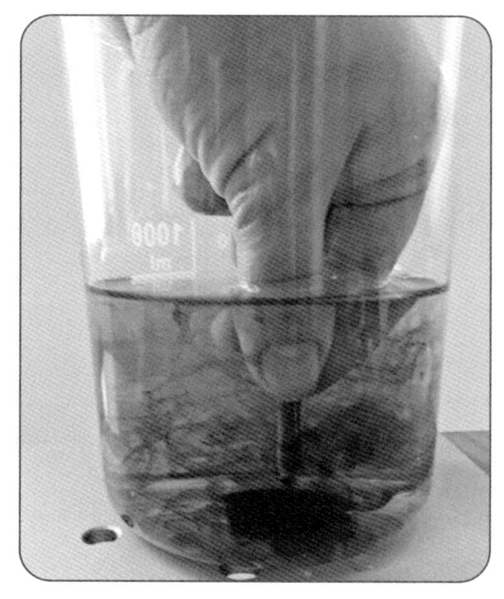

2. Gebt etwas Tinte auf den Boden des Glases. Dafür taucht ihr eure Hand mit der Patrone unter Wasser und drückt diese langsam zusammen. Achtet wieder darauf, dass das Wasser sich nicht viel hin und her bewegt. Stellt nun ein Teelicht unter das Glas. Dieses erwärmt das Wasser am Boden, sodass es nach oben steigt und die Tinte mitnimmt.

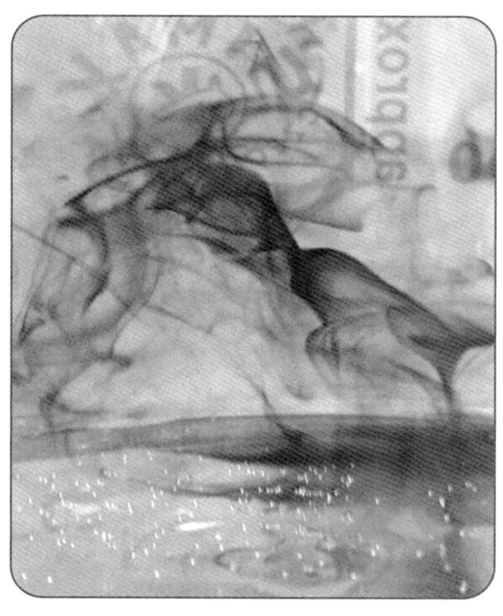

Fotos: Dr. Silke Kerscher-Hack | ISBN 978-3-8346-3776-5 | www.verlagruhr.de

20. Salz bringt Eis zum Schmelzen

Darum geht's – kindgerecht erklärt

Bei welcher Temperatur Wasser gefriert, hängt u. a. davon ab, ob und wie viele andere Stoffe in dem Wasser gelöst sind. „Normales" Wasser aus der Wasserflasche oder dem Wasserhahn wird normalerweise bei 0 °C zu Eis. Salzwasser kann bis zu –20 °C kalt und immer noch flüssig sein.
Den Effekt nennt man auch „Gefrierpunktserniedrigung". Dieses Phänomen funktioniert nicht nur mit Salz, sondern auch mit Zucker oder Alkohol (normalerweise ein Gemisch aus reinem Alkohol und Wasser).

Was beim Versuch passiert

Durch das Salz schmilzt das Eis etwas. Drückt man einen Faden auf den Wasserfilm, wird die Wolle nass. Nach kurzer Zeit friert das Wassser wieder. Der Faden klebt am Eisberg fest.

Wo das Phänomen vorkommt

Im Winter streut der Winterdienst Salz, um das Eis auf den Straßen zu schmelzen. Meere gefrieren aufgrund des Salzgehaltes erst bei etwa –1,9 °C. Auch Frostschutzmittel beim Auto setzen den Gefrierpunkt herab.

Kompetenzerwartungen

Die Kinder lernen das Phänomen Gefrierpunktserniedrigung kennen. Sie wissen, dass Flüssigkeiten, obwohl sie gleich aussehen, nicht immer die gleichen Eigenschaften haben müssen (z. B. bei welcher Temperatur sie gefrieren).

Materialliste pro Gruppe

- große Glasschüssel, halb voll mit Wasser
- Faden
- etwas Salz
- Eiswürfel
- Versuchsanleitung „Eisangeln" (S. 107)

Außerdem benötigt der Lehrer mehrere Luftballone.

Das bereiten Sie vor

Stellen Sie die Materialien bereit und bereiten Sie pro Gruppe 2–3 „Wasserbomben" vor.
Hierfür stülpen Sie am Tag vorher Luftballone über den Wasserhahn und füllen diesen mit Wasser. Achten Sie darauf, dass Sie diese nicht zu voll machen, da sie sonst zu schwer werden. Anschließend nehmen Sie die Ballone vom Wasserhahn, machen einen Knoten hinein und legen diese über Nacht in das Gefrierfach. Nehmen Sie die Ballone in einer Kühlbox mit in die Schule. Alternativ können Sie auch Eiswürfel verwenden.

Kopieren Sie die Versuchsbeschreibung pro Kind einmal. Kopieren Sie die Bildvorlage auf Folie oder scannen Sie sie ein.

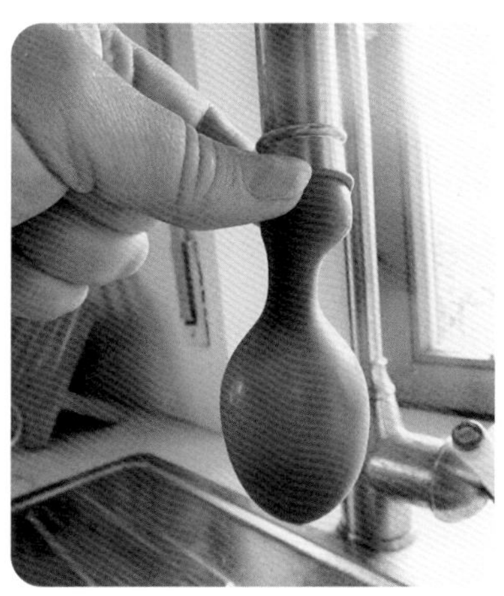

20. Salz bringt Eis zum Schmelzen

Stundenverlauf

Einstieg (5 Minuten)

Legen Sie die Folie (S. 108) auf den Overheadprojektor oder zeigen Sie die Bilder über das Whiteboard. Fragen Sie die Kinder, was sie sehen. Fällt ihnen auf, dass der eine See zugefroren ist und der andere nicht, obwohl es auf beiden Bildern sehr kalt zu sein scheint? Überlegen Sie gemeinsam mit den Kindern, woran dies liegen könnte (Antwort: Salz- vs. Süßwasser).

Arbeitsphase (35 Minuten)

Teilen Sie die Kinder in 4er-Gruppen und weisen Sie jedem Team einen Gruppentisch mit den benötigten Materialien zu. Teilen Sie die Versuchsanleitung „Eisangeln" aus. Die Kinder arbeiten nun gemeinsam in den Gruppen weiter. Klären Sie während der Arbeitsphase die Fragen der Schüler und/oder unterstützen Sie die verschiedenen Gruppen aktiv bei der Durchführung des Versuchs.

Abschluss/Reflexion (5 Minuten)

Die Kinder finden sich im Sitzkreis zusammen. Lassen Sie die Schüler beschreiben, wie sie den Versuch durchgeführt und was sie beobachtet haben. Haben die Kinder eine Erklärung dafür, dass der Faden bzw. der Eiswürfel am Eis kleben geblieben ist? Überlegen Sie zusammen mit den Kindern, wie der Versuch mit den beiden Bildern vom Anfang der Stunde zusammenhängt.

Erweiterung – Versuch „Die selbst gebaute Eismaschine"

Speiseeis lässt sich auch gut ohne Eismaschine herstellen. Dieses Experiment eignet sich für eine Doppelstunde und heiße Sommertage.

Was beim Versuch passiert

Eiswürfel brauchen zum Schmelzen Energie, die sie aus der Umgebung erhalten. Ebenfalls Energie benötigt das Salz, damit es sich im Wasser lösen kann. Salz und Eis erhalten die Energie aus der Umgebung, die sich dadurch abkühlt. Salz-Wasser-Mischungen können bis zu −20 °C kalt werden. Damit eignen sich solche Salzwasser-Mischungen sehr gut, um mit ihnen z. B. Speiseeis herzustellen.

Materialliste pro Gruppe ...

... für die Eismasse

- mittelgroße Schüssel (am besten Edelstahl)
- Waage, Löffel, Messbecher
- 150 g Erdbeeren (oder andere Beeren)
- 40 g Zucker
- 125 ml Milch
- 50 ml süße Sahne
- ½ Zitrone

Pro Klasse: 2–3 Pürierstäbe, 2–3 Zitronenpressen

... für die "Eismaschine"

- große Schüssel
- ein paar Eiswürfel
- Tüte, Esslöffel
- etwas Salz
- evt. ein Thermometer
- Versuchsanleitung „Die selbst gebaute Eismaschine" (S. 109/110)

Pro Klasse: 2–3 Hämmer, 2–3 Unterlagen (z. B. Schneidebrett)

Eisangeln

Das braucht ihr:
- große Schüssel, halb voll mit Wasser
- Faden
- etwas Salz
- gefrorene Luftballone oder Eiswürfel
- etwas Geduld

So geht es:

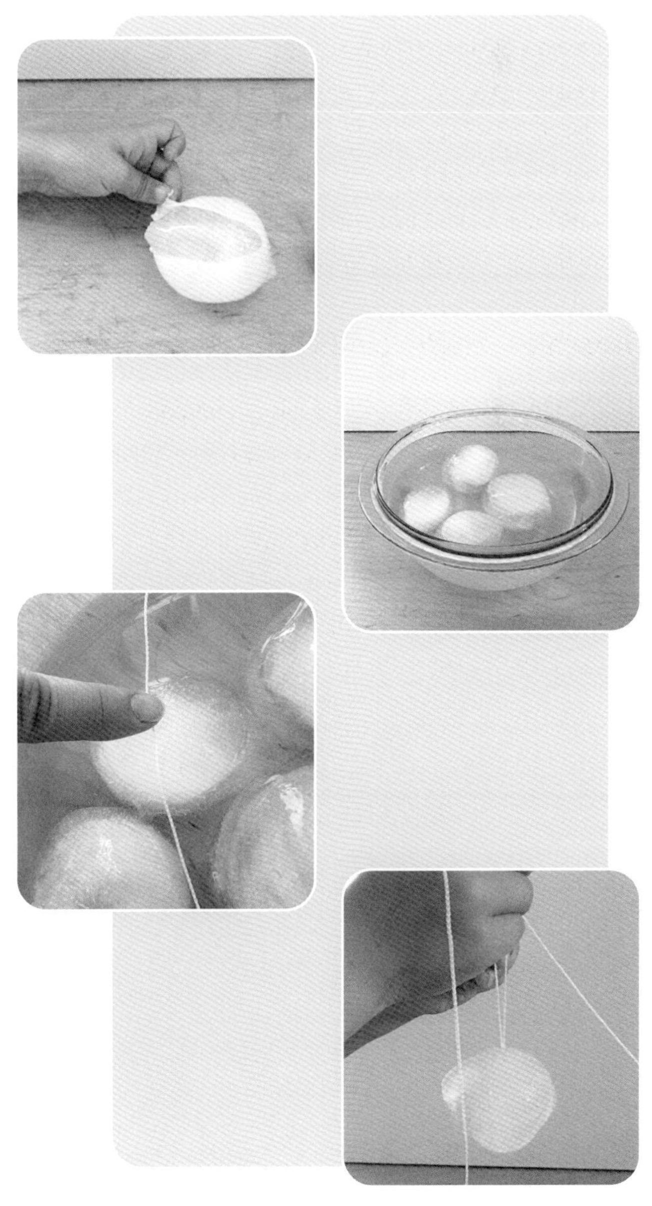

1. Schneidet von den gefrorenen Luftballonen den Knoten ab und entfernt den Ballon. Dieser Schritt entfällt, wenn ihr Eiswürfel verwendet.
2. Legt die Eiswürfel in die Schüssel. Fällt euch auf, dass das Eis zwar schwimmt, sich jedoch der größte Teil unter Wasser befindet?
3. Streut nun etwas Salz auf die Oberseite eines Eiswürfels. Nehmt den Faden und drückt ihn vorsichtig auf das gesalzene Eis. Anschließend nehmt ihr eure Hand wieder weg.
4. Nach etwa einer Minute könnt ihr das Eis mithilfe des Fadens vorsichtig aus dem Wasser heben.
   Wiederholt Schritt 4 und 5 so lange, bis sich in der Schüssel keine Eiswürfel mehr befinden.

Fotos: Dr. Silke Kerscher-Hack | ISBN 978-3-8346-3776-5 | www.verlagruhr.de

Wasser und Salz

Im Meer

© Achim Baqué – Fotolia.com

Der heimische See

© Zbigniew Nowak – Fotolia.com

ISBN 978-3-8346-3776-5 | www.verlagruhr.de

Die selbst gebaute Eismaschine (1/2)

Das braucht ihr:

Für die Eismasse:

- mittelgroße Schüssel (am besten Edelstahl)
- Löffel, Streichmesser
- Messbecher
- 150 g Erdbeeren oder andere Beeren
- 40 g Zucker
- 125 ml Milch
- 50 ml süße Sahne
- ½ Zitrone

Pro Klasse: 2–3 Pürierstäbe, 2–3 Zitronenpressen, 2–3 Waagen

Für die Eismaschine:

- große Schüssel
- ein paar Eiswürfel
- Tüte
- etwas Salz
- Esslöffel
- eventuell ein Thermometer

Pro Klasse: 2–3 Hämmer, 2–3 Unterlagen, zum Beispiel Schneidebrett

Fotos: Dr. Silke Kerscher-Hack | ISBN 978-3-8346-3776-5 | www.verlagruhr.de

Die selbst gebaute Eismaschine (2/2)

So geht es:

1. Wascht zunächst die Erdbeeren, entfernt den Strunk und presst die halbe Zitrone aus. Gebt nun die Erdbeeren, den Zucker, die Milch, die süße Sahne sowie 2 Esslöffel des gepressten Zitronensafts in eine Schüssel und püriert die Mischung.

   Alternativ könnt ihr auch einmalig eine große Menge Eismasse ansetzen und diese dann auf die verschiedenen Gruppen gleichmäßig aufteilen.
   Achtung: Je mehr Eismasse eine Gruppe erhält, umso länger muss sie zum Schluss rühren.

2. Gebt die Eiswürfel in die Tüte. Verknotet die Tüte und legt sie auf das Schneidebrett. Nun zerkleinert ihr die Eiswürfel vorsichtig mit dem Hammer.

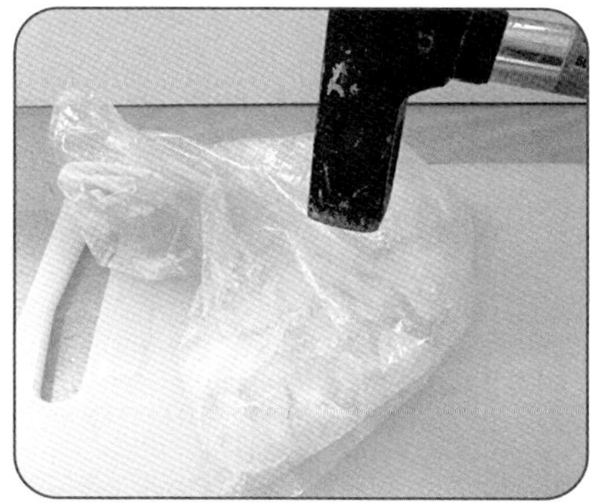

3. Füllt die zerkleinerten Eiswürfel in eine größere Schüssel und streut etwa 3 bis 4 Esslöffel Salz darüber. Anschließend rührt ihr gründlich um. Das Eis beginnt zu schmelzen.

4. Stellt die kleinere Schüssel mit der Erdbeermischung in die große Schüssel mit dem Eis. Rührt nun so lange vorsichtig um, bis die Masse fest geworden ist. Achtet dabei darauf, dass nichts von dem gesalzenen Eis in eure Erdbeermischung gelangt.

Fotos: Dr. Silke Kerscher-Hack | ISBN 978-3-8346-3776-5 | www.verlagruhr.de

Mini-Einheit: Experimente mit Magneten und Strom***

22. Die selbst gebaute Batterie

Darum geht's – kindgerecht erklärt

Alle Batterien enthalten bestimmte Metalle. Diese können kleine, elektrisch geladene Teilchen abgeben. Diese Teilchen heißen Elektronen und sind negativ geladen. Einige Metalle geben diese gerne ab, wie beispielsweise Kupfer, andere dagegen nicht.
Eine Batterie enthält zwei Gefäße mit zwei unterschiedlichen Metallen. Diese Gefäße werden auch Plus- und Minuspol genannt. Wenn man beispielsweise sein Spielzeugauto anschaltet, gibt das Metall beim Minuspol Elektronen ab, die sofort über den Draht zum Pluspol sausen. Zudem enthält eine Batterie eine Chemikalie, die man Elektrolyt nennt. Die Chemikalie ist notwendig, damit der Kreislauf aufrechterhalten wird.

Was beim Versuch passiert

Bei der Apfel-/Zitronenbatterie wird – wie bei einer richtigen Batterie – aus der chemischen Energie elektrische Energie, also Strom. Weil der Metallnagel lieber seine Elektronen abgibt, sausen Elektronen über den Draht zum Kupferdraht. Sehen kann man dies, wenn man eine Diode dazwischenklemmt. Dann wandern die Elektronen durch das kleine Lämpchen hindurch und dieses leuchtet. Der Strom fließt jedoch nur, wenn der Kreislauf geschlossen ist. Dazu dient die Säure aus dem Apfel bzw. der Zitrone. Wegen der Metallionen in der Zitrone darf man den Apfel bzw. die Zitrone nach dem Experiment nicht mehr essen!

Wo das Phänomen vorkommt

Batterien sind aus unserem Alltag nicht mehr wegzudenken: das Smartphone, die elektrische Zahnbürste, Spielzeuge, der MP3-Player und vieles mehr funktionieren nur mit Batterie/einem Akku.

Kompetenzerwartungen

Die Kinder bekommen eine Vorstellung davon, wie eine Batterie funktioniert.

Materialliste pro Gruppe

- 2 Äpfel oder Zitronen
- mehrere Metallnägel
- Kupferdraht (evtl. 1-Cent-Münzen)
- evtl. einen Seitenschneider
- (rote) LED-Lampe (1,8 V) aus dem Baumarkt
- Streichmesser
- Digitalmultimeter (vielleicht haben einige Eltern eines – oder aus dem Baumarkt)
- Anleitung „Die Apfel-/Zitronenbatterie" (S. 114/115)

Verschiedene Gegenstände mit Batterien, wie beispielsweise ein Smartphone, ein Photoapparat, ein Taschenrechner etc.

Das bereiten Sie vor

Stellen Sie die Materialien bereit. Kopieren Sie die Versuchsbeschreibung einmal pro Kind.

22. Die selbst gebaute Batterie

Stundenverlauf

Einstieg (7 Minuten)

Die Kinder finden sich im Sitzkreis zusammen. Legen Sie verschiedene Gegenstände, die mit Batterien/Akkus betrieben werden, in die Mitte. Fragen Sie:

- „Was seht ihr?"
- „Kennt ihr irgendwelche Geräte nicht?"
- „Habt ihr schon einmal eines der Geräte benutzt?"
- „Was brauchen die Geräte, um zu funktionieren?"
- „Was sind Batterien?"

Arbeitsphase (30 Minuten)

Teilen Sie Ihre Klasse in vier Gruppen und weisen Sie jedem Team einen Gruppentisch mit den benötigten Materialien zu. Teilen Sie die Versuchsanleitung aus. Die Kinder arbeiten nun gemeinsam in den Gruppen weiter. Klären Sie während der Arbeitsphase die Fragen der Schüler und/oder unterstützen Sie die verschiedenen Gruppen aktiv bei der Durchführung des Versuchs.

Abschluss/Reflexion (8 Minuten)

Teilen Sie das Arbeitsblatt aus und Ihre Schüler vervollständigen es gemeinsam mit ihrem jetzigen Wissen. Ggf. können Sie das Blatt auch gemeinsam besprechen.

Lösung Arbeitsblatt

1. Kupfer
2. nagel
3. behält
4. Lämpchen
5. fließt
6. Zitrone

➽ Erweiterung – Versuch „Was leitet Strom?"

Im folgenden Versuch testen die Kinder, welche Gegenstände Strom leiten.

Was beim Versuch passiert

Es gibt Gegenstände, durch die die kleinen Teilchen hindurchkönnen. Man sagt: Sie können den Strom leiten. Und es gibt Stoffe, durch die die kleinen Teilchen nicht hindurchkönnen. Durch diese kann der Strom also nicht fließen.

Materialliste pro Klasse

- Isolierklebeband
- Schere
- 2 Musterbeutelklammern
- Batterie mit etwa 2,0 V, z. B. 2 Knopfbatterien (2 Batterien erfordern etwas mehr Geschick)
- etwas Draht
- (rote) LED-Lampe (1,8 V)
- Dinge, die geprüft werden sollen, ob sie elektrischen Strom leiten, z. B. ein Messer, ein Glas, eine Feige, ein Stift etc.
- evtl. ein Digitalmultimeter
- Versuchsanleitung „Was leitet Strom?" (S. 117/118)

Die Apfel-/ Zitronenbatterie (1/2)

Das braucht ihr:

- 2 Äpfel oder Zitronen
- mehrere Metallnägel
- Kupferdraht (eventuell 1-Cent-Münzen)
- (rote) LED-Lampe (1,8 V) aus dem Elektronikladen
- Streichmesser
- ein Digitalmultimeter
- Fingerspitzengefühl
- Draht

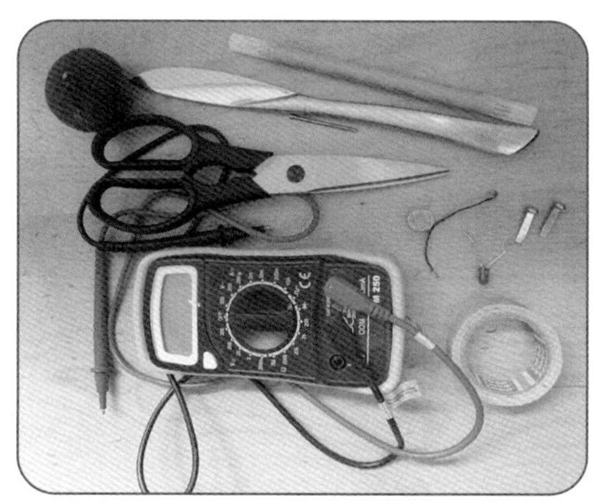

Wegen der Metallionen dürft ihr das Obst nach dem Versuch nicht mehr essen!

So geht es:

1. Halbiert oder viertelt einen Apfel/eine Zitrone. Lasst euch dabei von eurem Lehrer helfen. Steckt in jeden Apfel/ jede Zitrone einen Metallnagel und etwas Kupferdraht. Der Kupferdaht darf den Metallnagel nicht berühren.

Tipp:
1-Cent-Münzen gehen auch, aber ein Kupferdraht lässt sich besser am Nagel eines weiteren Apfelstückes/einer weiteren Zitronenhälfte befestigen.

Fotos: Dr. Silke Kerscher-Hack | ISBN 978-3-8346-3776-5 | www.verlagruhr.de

Die Apfel-/ Zitronenbatterie (2/2)

2. Mit einem Digitalmultimeter könnt ihr anschließend die Spannung messen. Hierfür haltet ihr einen Sensor an den Kupferdraht und den anderen an den Metallnagel. Mit einer Apfel-/Zitronenbatterie erhaltet ihr etwa 0,5 Volt.

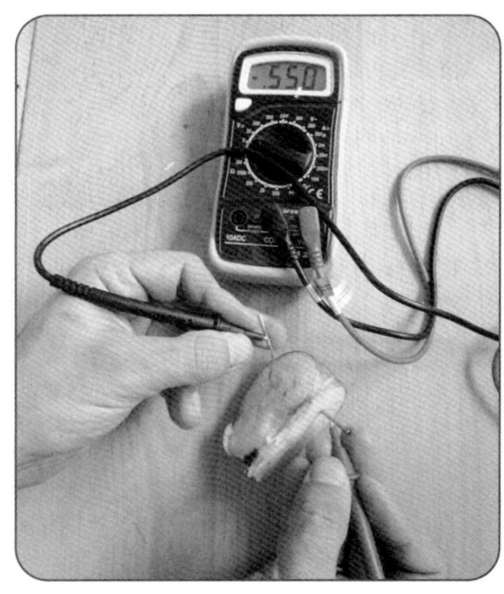

3. Damit das Lämpchen leuchtet, benötigt ihr mindestens 4 solcher Batterien. Verbindet hierfür die freien Enden der Kupferdrähte jeweils mit einem Draht mit einem Metallnagel der anderen Stücke.
Einen Kupferdraht verbindet ihr mit dem längeren Bein der Lampe.
Das kürzere Bein wickelt ihr um einen noch freien Nagel.

4. Wenn ihr alles richtig gemacht habt, leuchtet nun das Lämpchen. Dunkelt den Raum ab, dann seht ihr das Licht besser. Leuchtet das Lämpchen nicht, müsst ihr dessen Beine umdrehen. Also das Bein, das mit dem Metallnagel verbunden ist, mit dem Kufperdraht verbinden und umgekehrt. Schaut auch, ob alle Drähte und Nägel miteinander verbunden sind.

Fotos: Dr. Silke Kerscher-Hack | ISBN 978-3-8346-3776-5 | www.verlagruhr.de

Weißt du, wie eine Batterie funktioniert?

Fülle die Lücken aus.

Eine Batterie hat einen Plus- und einen Minuspol.

Bei der Zitrone waren das der ....draht und der Metall.. . Der Metallnagel gibt gerne winzig kleine Teilchen ab. Der Kupferdraht .... seine lieber. Daher wandern die winzig kleinen Teilchen vom Metallnagel durch den Draht zum Kupferdraht. Befindet sich ein LED-.. zwischen Nagel und Draht, leuchtet es. Der Strom .... jedoch nur, wenn der Kreislauf geschlossen ist.

Dazu dienen die Säure der .... und des Apfels.

Foto: © Sinuswelle – Fotolia.com | ISBN 978-3-8346-3776-5 | www.verlagruhr.de

Was leitet Strom (1/2)

Das braucht ihr:

- Isolierklebeband
- Schere
- 2 Musterbeutelklammern
- Baterrie mit etwa 2 V, zum Beispiel zwei Knopfbatterien
- etwas Draht
- (rote) LED-Lampe (1,8 V)
- Dinge, von denen ihr wissen wollt, ob diese elektrischen Strom leiten, zum Beispiel ein Messer, ein Glas, eine Feige, ein Stift …
- eventuell ein Digitalmultimeter

So geht es:

1. Schneidet ein kleines Stück von dem Klebeband ab. Es sollte etwas länger sein als die Batterie. Legt die Batterie in die Mitte. Wenn ihr 2 Batterien habt, muss der Pluspol neben dem Minuspol liegen.

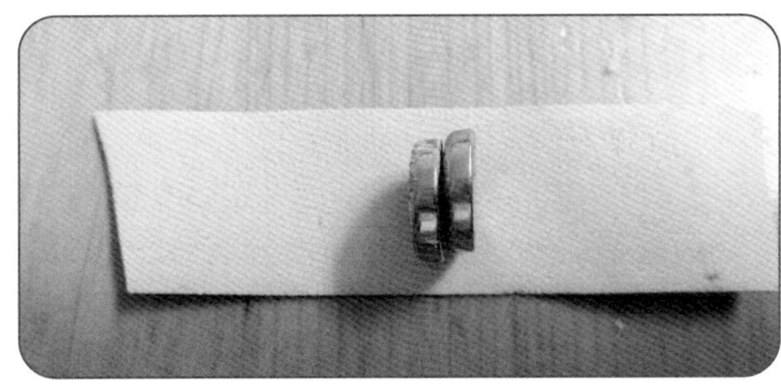

2. Schneidet mit der Schere ein kleines Loch auf jeder Seite neben der Batterie hinein. Steckt jeweils eine Klammer hindurch.
   Achtung: Die Klammern sollten sehr nahe bei der Batterie sein, damit sie später nicht zu locker sitzen.

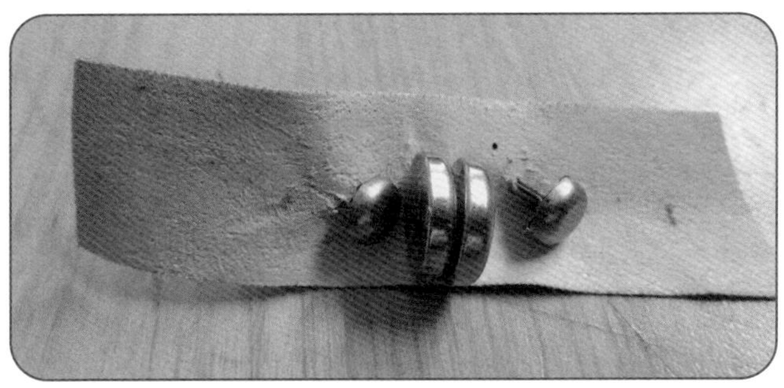

Fotos: Dr. Silke Kerscher-Hack | ISBN 978-3-8346-3776-5 | www.verlagruhr.de

Was leitet Strom (2/2)

3. Wickelt das Klebeband um die Batterien. Die Enden der Klammern müssen Kontakt zu den Batterien haben. Achtet darauf, dass ihr das Isolierklebeband sehr straff zieht. Überprüfen könnt ihr dies mit dem Digitalmultimeter. Zeigt dieses keine Spannung an, sind die Klammern zu locker.

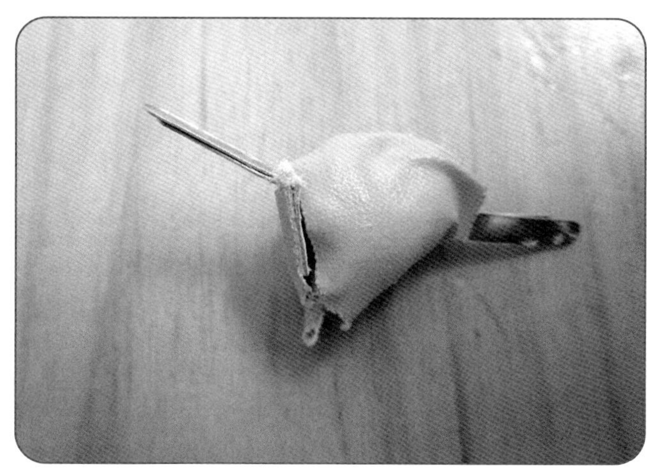

4. Verbindet eine Klammer mit einem Bein des Lämpchens. Die andere Klammer verbindet ihr mit einem Draht. Haltet nun den Draht an das zweite Bein des Lämpchens. Nun sollte das Lämpchen leuchten. Leuchtet es nicht, haben entweder die Klammern keinen Kontakt zur Batterie oder ihr müsst das Lämpchen umdrehen, sodass dessen Beine mit der jeweils anderen Klammer verbunden sind.

5. Holt euch einen Gegenstand, den ihr testen wollt. Haltet das freie Bein des Lämpchens und den Draht an diesen Gegenstand. Leuchtet die Lampe, leitet der Gegenstand den Strom.

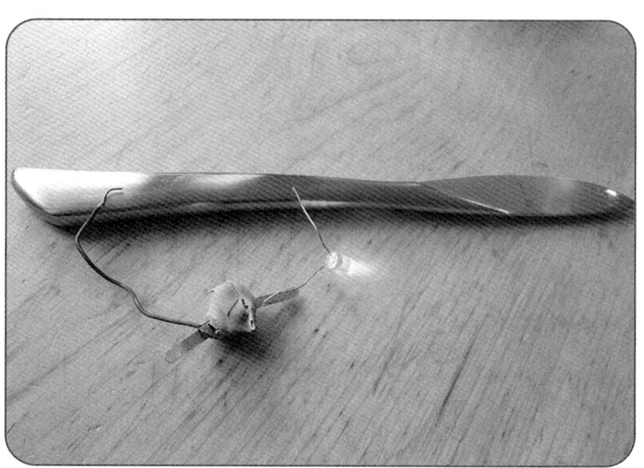

Tipp:
Ihr könnt das Kabel und das Bein des Lämpchens mit dem Klebeband an der Klammer fixieren.

Fotos: Dr. Silke Kerscher-Hack | ISBN 978-3-8346-3776-5 | www.verlagruhr.de

Selbst hergestellter Strom

Darum geht's – kindgerecht erklärt

Egal, ob wir das Licht oder den Fernseher einschalten oder mit unserem Smartphone telefonieren – all diese Dinge funktionieren nur mit Strom. Doch wie wird Strom erzeugt? Atomkraftwerke erzeugen Strom durch Wärme und Dampf, die durch die Spaltung von Atomkernen entstehen. Atomkerne sind winzige Teilchen, aus denen alles auf der Welt besteht. Bei der Spaltung entstehen aber auch sehr gefährliche Strahlen. Immer häufiger wird daher die Kraft der Luft, des Wassers und der Sonne genutzt. Bei einem Wasserkraftwerk wird Wasser gestaut. Durch eine Druckleitung gelangt es zur Turbine, die sich durch die Kraft des Wassers dreht. Die Turbine treibt den Generator an, der den Strom erzeugt, der in Stromleitungen zu den Menschen fließt.

Was beim Versuch passiert

Bei dem Versuch fällt das aufgestaute Wasser von der Plastikflasche auf das Wasserrad, das sich durch die Kraft des Wassers dreht.

Wo das Phänomen vorkommt

In Deutschland gibt es viele Wasserkraftwerke.

Kompetenzerwartungen

Die Kinder lernen die Funktionsweise eines Wasserkraftwerkes kennen.

Materialliste pro Gruppe

- 2 leere Joghurtbecher, evtl. mit 2 „Erhöhungen" (hier: Schüsseln)
- Überraschungsei
- Holzstab
- mehrere Plastiklöffel
- spitze Schere
- Plastikflasche
- große Schüssel, Dose
- Versuchsanleitung „Das Wasserkraftwerk" (S. 120/121)

Führen Sie den Versuch nur durch, wenn Sie sicher sind, dass die Kinder mit einer Schere umgehen können. Alternativ bereiten Sie die Eier vor und bohren 4–5 Löcher in ein Ei.

Das bereiten Sie vor

Stellen Sie die Materialien bereit. Kopieren Sie die Versuchsbeschreibung sowie das Arbeitsblatt pro Kind einmal.

Stundenverlauf

Einstieg (5 Minuten)

Erzählen Sie den Kindern, dass sie sich heute mit dem Thema „Strom" befassen. Fragen Sie die Kinder, wofür Menschen Strom benötigen und woher dieser kommt. Ist die Antwort „aus der Steckdose" bzw. „aus der Stromleitung", fragen Sie, wie der Strom dorthin gelangt ist.

Arbeitsphase (32 Minuten)

Teilen Sie die Kinder in 4er-Gruppen ein und weisen Sie jedem Team einen Gruppentisch mit den benötigten Materialien zu. Teilen Sie die Versuchsanleitung aus. Die Kinder arbeiten gemeinsam in den Gruppen weiter. Klären Sie die Fragen der Schüler und/oder unterstützen Sie die verschiedenen Gruppen aktiv bei der Durchführung des Versuchs.

Abschluss/Reflexion (8 Minuten)

Lassen Sie die Schüler beschreiben, wie sie den Versuch durchgeführt und was sie beobachtet haben. Teilen Sie das Arbeitsblatt aus. Vervollständigen Sie es gemeinsam.

Lösung Arbeitsblatt

1. Wasser
2. dreht
3. Strom
4. Stromleitungen

Das Wasserkraftwerk (1/2)

Das braucht ihr:
- 2 leere Joghurtbecher, eventuell mit 2 „Erhöhungen“ (hier: Schüsseln)
- Überraschungsei
- Holzstab, mehrere Plastiklöffel
- spitze Schere, Plastikflasche
- Dose, große Schüssel

So geht es:

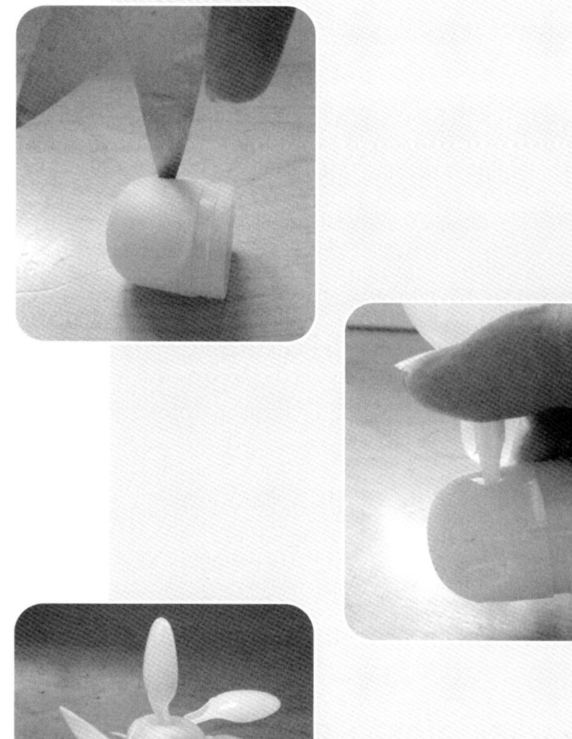

1. Entfernt von dem Überraschungsei den Deckel. Stecht auf der Seite des Unterteils rundherum auf der gleichen Höhe vorsichtig mit der Schere zwischen 4 und 8 längliche Löcher hinein. Lasst euch eventuell von eurem Lehrer helfen.
2. Kürzt den Löffelstiel so, dass dieser nur noch etwa 2–3 Zentimeter lang ist. Steckt anschließend den Stiel des Löffels in ein Loch im Überraschungsei. Macht das mit den anderen Löchern genauso. Die Löffel sollten so eingesteckt werden, dass immer eine Löffelunterseite zu einer Löffeloberseite zeigt, siehe auch das Bild unter 3.
3. Bohrt auf der Unterseite des Überraschungseis mit der Schere ein kleines Loch hinein und steckt den Holzstab hindurch. Das ist eure Turbine.
4. Schneidet an der Oberseite der Joghurtbecher jeweils ein kleines Viereck aus.

Das Wasserkraftwerk (2/2)

5. Füllt in die Joghurtbecher etwas Wasser, damit diese nicht so leicht umfallen. Alternativ könnt ihr auch Knete oder Sand verwenden. Stellt die Becher anschließend in die Schüssel. Anschließend legt ihr die Enden des Holzstabs in die Vertiefungen der Becher. Sind die Becher zu klein, sodass das Rad sich nicht drehen kann, müsst ihr diese auf eine Erhöhung stellen. Hinter die Schüssel stellt ihr die Dose.

6. Anschließend bohrt ihr unten in die Wasserflasche ein Loch. Nun füllt ihr die Flasche mit Wasser und haltet das Loch mit eurem Daumen zu. Das ist euer gestautes Wasser.

7. Stellt die Flasche auf die Dose und lasst das Loch los. Eventuell müsst ihr die Position der Wasserflasche etwas verändern und diese näher heran- oder weiter wegschieben, damit der Wasserstrahl euer Wasserkraftwerk trifft. Alternativ könnt ihr die Flasche auch über das Kraftwerk halten. Oder ihr stellt euer Wasserkraftwerk einfach unter den Wasserhahn.

Fotos: Dr. Silke Kerscher-Hack | ISBN 978-3-8346-3776-5 | www.verlagruhr.de

Weißt du, wie ein Wasserkraftwerk funktioniert?

Fülle die Lücken aus.

.... wird in einem Fluß oder Stausee gestaut. Durch eine Druckleitung fällt es auf die Turbine. Dadurch .... sich die Turbine. Die Turbine wiederum treibt eine Maschine an, die .... erzeugt. Man nennt diese Maschine auch Generator. Der Strom gelangt anschließend durch .... zu den Haushalten.

 ISBN 978-3-8346-3776-5 | www.verlagruhr.de

23. Was Magnete alles können

Darum geht's – kindgerecht erklärt

Ob bestimmte Gegenstände magnetisch sind, kann man weder sehen, riechen, schmecken noch hören. Dennoch oder gerade deswegen kann Magnetismus sehr spannend sein. Denn Magnete können andere Gegenstände aus Eisen – ohne diese zu berühren – anziehen oder abstoßen.
Es gibt unterschiedlich starke Magnete. Manche können sogar ein ganzes Auto festhalten. Auch ihre Form ist sehr unterschiedlich. Magnete können z. B. stab-, hufeisen- oder ringförmig sein. Jeder Magnet hat zwei Enden, wobei das eine Ende Nord- und das andere Ende Südpol heißt. Werden zwei Magnete zusammengebracht, stoßen sie sich ab, wenn zwei gleiche Pole aufeinandertreffen. Andernfalls ziehen sie sich an.

Was beim Versuch passiert

Die Kinder untersuchen die Magnetkraft.

Wo das Phänomen vorkommt

Magnete sind im Alltag überall zu finden: Die Spielzeugeisenbahn, bei der sich die Waggons magnetisch ankuppeln lassen, die Schultasche, die magnetisch zuschnappt, oder Kühlschrankmagnete sind nur einige Beispiele.

Kompetenzerwartungen

Die Kinder sammeln spielerisch Erfahrung zur Magnetkraft. Sie können einordnen, welche Dinge von einem Magneten angezogen werden und welche nicht.

Materialliste pro Gruppe

- Magnet
- Wasserglas
- Plastikrohr
- mehrere Büroklammern
- etwas mit einem Magneten, z. B. eine Spielzeugeisenbahn
- Dinge, von denen die Kinder wissen wollen, ob sie von einem Magneten angezogen werden, z. B. ein Stift, ein Tannenzapfen oder ein Spielzeugauto
- Versuchsanleitung „Experimentieren mit Magneten" (S. 125/126)

Das bereiten Sie vor

Stellen Sie die Materialien bereit. Kopieren Sie die Versuchsbeschreibung einmal pro Kind. Sagen Sie Ihren Schülern, dass sie einen Gegenstand mitbringen sollen, der mit einem Magnet funktioniert.

23. Was Magnete alles können

Stundenverlauf

Einstieg (10 Minuten)

Lassen Sie die Kinder ihre mitgebrachten magnetischen Gegenstände kurz vorstellen. Überlegen Sie gemeinsam, wann ein Magnet ein Magnet ist und welche Eigenschaften hierfür notwendig sind. Ziehen sich nur Magnete gegenseitig an? Haben die Kinder Vermutungen, wie ein Gegenstand beschaffen sein muss, damit er von einem Magneten angezogen wird?

Arbeitsphase (25 Minuten)

Teilen Sie Ihre Klasse in 4er-Gruppen und weisen Sie jedem Team einen Gruppentisch mit den benötigten Materialien zu. Teilen Sie die Versuchsanleitung aus. Die Kinder arbeiten nun gemeinsam in den Gruppen weiter. Klären Sie während der Arbeitsphase die Fragen der Schüler und/oder unterstützen Sie die verschiedenen Gruppen aktiv bei der Durchführung des Versuchs.

Abschluss/Reflexion (10 Minuten)

Bilden Sie mit den Kindern einen Sitzkreis und besprechen Sie mit ihnen die Ergebnisse. Fragen Sie sie, welche Gegenstände vom Magneten angezogen wurden und welche nicht. Wie muss ein Gegenstand beschaffen sein, damit er von einem Magneten angezogen wird? Wann werden Dinge abgestoßen? Weisen Sie die Kinder darauf hin, dass Magnete andere Gegenstände durch Papier, Plastik oder Glas hindurch anziehen können.

➧ Erweiterung – Versuch „Fischeangeln"

Im folgenden Versuch basteln die Kinder ein Spiel, das mithilfe eines Magneten funktioniert. Dieses Experiment benötigt etwas mehr Zeit.

Was beim Versuch passiert

Auf den Rückseiten der ausgeschnittenen Fische werden Büroklammern befestigt. Büroklammern bestehen aus Metall und werden von einem Magneten angezogen. An der Angel wird ein Magnet befestigt, der ab einer bestimmten Entfernung die Büroklammer mit dem Fisch anzieht.

Materialliste pro Gruppe

- kleiner Magnet aus dem Baumarkt
- mehrere Büroklammern
- mehrere Blätter Papier
- blaues Papier/blaue Tüte
- Stock mit Bindfaden
- Stifte, Schere, Klebstoff, Tesafilm
- Deckel eines Pappkartons, z. B. eines Schuhkartons
- Versuchsanleitung „Fischeangeln" (S. 127/128)
- Bildvorlage „Fisch" (S. 129, Anzahl abhängig davon, wie viele Fische geangelt werden sollen)

Experimentieren mit Magneten (1/2)

Das braucht ihr:

- Magnet
- Wasserglas
- Plastikrohr
- mehrere Büroklammern
- etwas mit einem Magneten, zum Beispiel eine Spielzeugeisenbahn
- Dinge, von denen ihr wissen wollt, ob sie von einem Magneten angezogen werden, z. B. ein Stift, Tannenzapfen oder ein Spielzeugauto

So geht es:

1. Testet verschiedene Dinge, ob sie von einem Magneten angezogen werden. Haltet hierfür euren Magneten an diese Gegenstände.

2. Stellt ein Glas Wasser vor euch und lasst eine Büroklammer hineinsinken. Holt die Büroklammer aus dem Wasserglas, ohne dass eure Finger nass werden.

Fotos: Dr. Silke Kerscher-Hack | ISBN 978-3-8346-3776-5 | www.verlagruhr.de

Experimentieren mit Magneten (2/2)

3. Legt nun 1 oder 2 Büroklammern in eine der beiden Öffnungen eines Plastikrohrs. Nehmt euren Magneten und haltet ihn von außen über eure Büroklammern.
   Werden die Büroklammern angezogen, bewegt ihr euren Magneten vorsichtig zur anderen Öffnung.

4. Kann man Magnetismus übertragen? Hebt mit eurem Magneten 2 Büroklammern hoch. Entfernt nun vorsichtig euren Magneten.

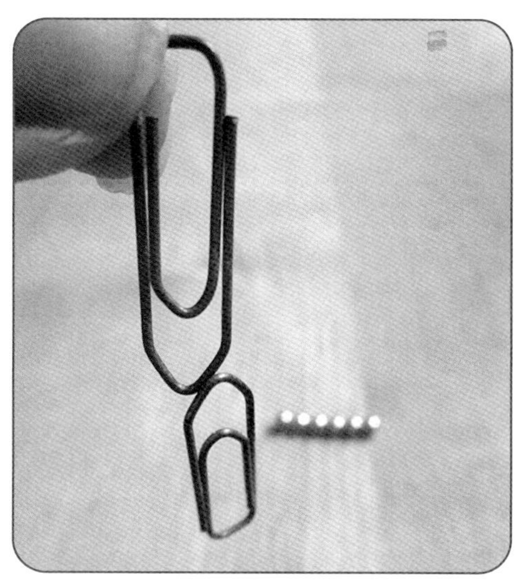

5. Testet an dem jeweiligen Gegenstand mit dem Magneten, aus welcher Entfernung euer Magnet diesen anzieht. Hierfür nähert ihr euch langsam eurem Gegenstand, bis er angezogen wird. Anschließend dreht ihr euren Magneten um und nähert euch wieder langsam eurem Gegenstand. Was passiert?

Fotos: Dr. Silke Kerscher-Hack | ISBN 978-3-8346-3776-5 | www.verlagruhr.de

Fischeangeln (1/2)

Das braucht ihr:

- einen kleinen Magnet
- Büroklammern
- mehrere Blätter Papier
- blaues Papier/blaue Tüte
- Stock mit Bindfaden
- Stifte, Schere, Klebstoff, Tesafilm
- Pappkarton, zum Beispiel von Schuhen
- Papierfische

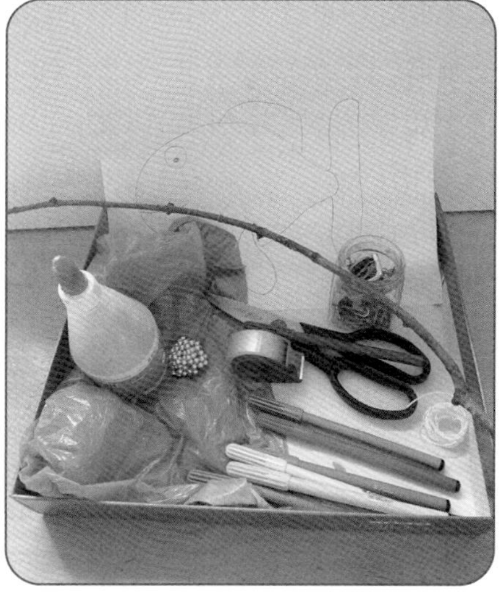

So geht es:

1. Klebt das blaue Papier/die blaue Tüte in den Pappkarton. Was übersteht, schneidet ihr einfach weg.

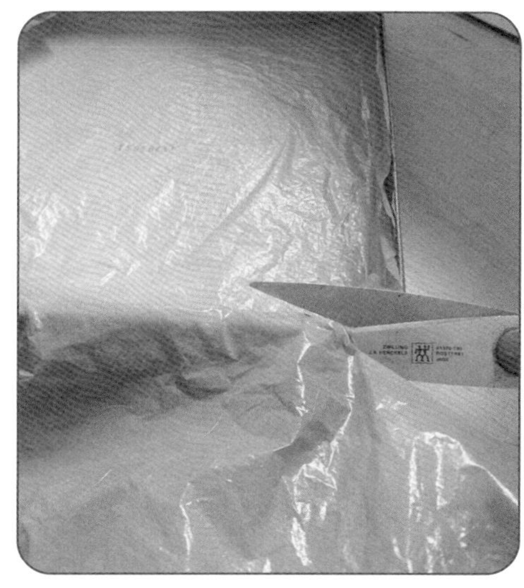

2. Anschließend schneidet ihr aus einem Blatt Papier Streifen aus, die wie Gras aussehen. Bemalt die Streifen und klebt sie vorne und hinten auf den Pappkarton.

Fotos: Dr. Silke Kerscher-Hack | ISBN 978-3-8346-3776-5 | www.verlagruhr.de

Fischeangeln (2/2)

3. Schneidet nun Fische aus. Wenn ihr wollt, könnt ihr sie schön bunt bemalen. Auf die Rückseite der Fische klebt ihr jeweils eine Büroklammer mit Tesafilm.

4. Befestigt ein Ende des Fadens an dem Stock. An das andere Ende befestigt ihr eine Büroklammer. Nun fehlt nur noch der Magnet. Heftet diesen an die Büroklammer.

Viel Spaß beim Spielen!

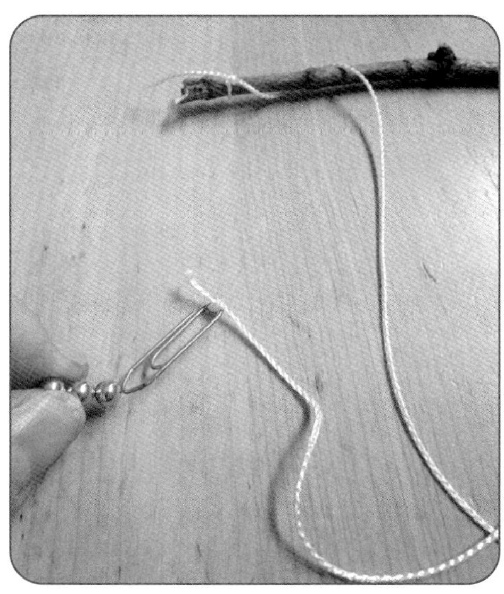

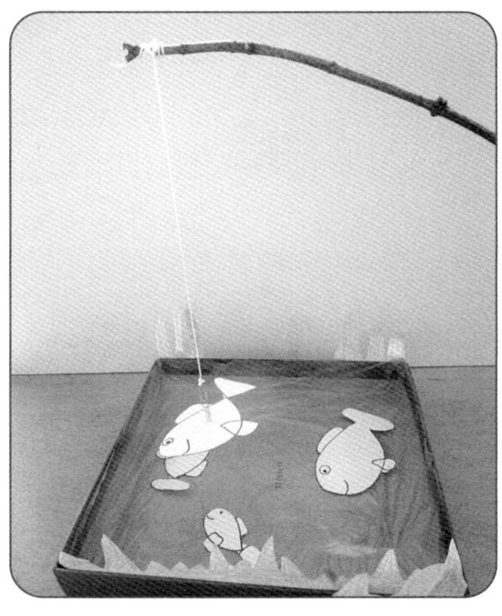

Fotos: Dr. Silke Kerscher-Hack | ISBN 978-3-8346-3776-5 | www.verlagruhr.de

Fisch

Das schneidest du aus:

Abb.: Dr. Silke Kerscher-Hack | ISBN 978-3-8346-3776-5 | www.verlagruhr.de

Die Erde als Magnet

Darum geht's – kindgerecht erklärt

Unsere Erde ist ein riesiger Magnet. Die Kraft des Erdmagneten ist aber verhältnismäßig schwach. Nichtsdestotrotz hat auch der Erdmagnet Pole: einen magnetischen Südpol und einen magnetischen Nordpol. Aber Vorsicht: Der magnetische Südpol liegt in der Nähe des Nordpols und der magnetische Nordpol in der Nähe des Südpols. Also genau umgekehrt, als man es wohl vermuten würde.

Was beim Versuch passiert

Ein Nagel wird durch mehrmaliges Darüberstreichen mit einem Magneten magnetisiert. Wenn man mit dem Südpol des Magneten vom Nagelkopf zur -spitze streicht, zeigt später die Spitze des Nagels nach Norden. Ist der Nagel magnetisiert, wirkt das Magnetfeld der Erde auf ihn ein. Kann er sich frei drehen, richtet der Nagel sich nun nach dem Erdmagnetfeld aus. Der magnetische Nordpol des Nagels wird vom magnetischen Südpol der Erde angezogen.

Wo das Phänomen vorkommt

Am Erdmagnetfeld orientieren sich Zugvögel im Winter auf dem Weg in wärmere Gebiete und Kompasse zeigen dank des Magneten immer nach Norden. Zudem schützt das Erdmagnetfeld vor Strahlung aus dem All.

Kompetenzerwartungen

Die Kinder erfahren, dass auch die Erde ein Magnetfeld besitzt. Sie verstehen, wie ein Kompass funktioniert.

Materialliste pro Kind

- Schale, Nagel
- Magnet (am besten Stabmagnet)
- etwas, das schwimmt, z. B. ein Korken, ein Blatt oder ein Stück Papier
- Versuchsanleitung „Der selbst gebaute Kompass“ (S. 131)

Pro Klasse: 2 Kompasse

Das bereiten Sie vor

Stellen Sie die Materialien bereit. Kopieren Sie die Versuchsanleitung einmal pro Kind.

Stundenverlauf

Einstieg (5 Minuten)

Geben Sie einen Kompass herum, sodass jeder Schüler ihn kurz testen kann. Fragen Sie:

- „In welche Himmelsrichtung zeigt die Nadel eines Kompasses?“
- „Wozu braucht man einen Kompass?“
- „Habt ihr eine Vermutung, wie ein Kompass funktioniert?“

Arbeitsphase (30 Minuten)

Weisen Sie jedem Kind die benötigten Materialien zu. Teilen Sie die Anleitung aus. Die Kinder arbeiten nun allein weiter. Klären Sie während der Arbeitsphase die Fragen der Schüler und/oder unterstützen Sie sie aktiv bei der Durchführung des Versuchs.

Abschluss/Reflexion (10 Minuten)

Bilden Sie mit den Kindern einen Sitzkreis. Besprechen Sie kurz die Versuchsergebnisse. Teilen Sie anschließend das Arbeitsblatt aus und vervollständigen Sie dieses gemeinsam.

Lösung Arbeitsblatt

1. Magnet
2. Nord
3. Südpol
4. wärmere
5. Norden

Der selbst gebaute Kompass

Das brauchst du:

- Schale
- Nagel
- Magnet (am besten einen Stabmagneten)
- etwas, das schwimmt, zum Beispiel einen Korken oder ein Stück Papier

So geht es:

1. Streiche mit dem Magneten mehrmals über den Nagel. Achte darauf, dass du den Magneten nicht hin und her bewegst. Setze den Magneten ab, wenn du vorn an der Nagelspitze angekommen bist.

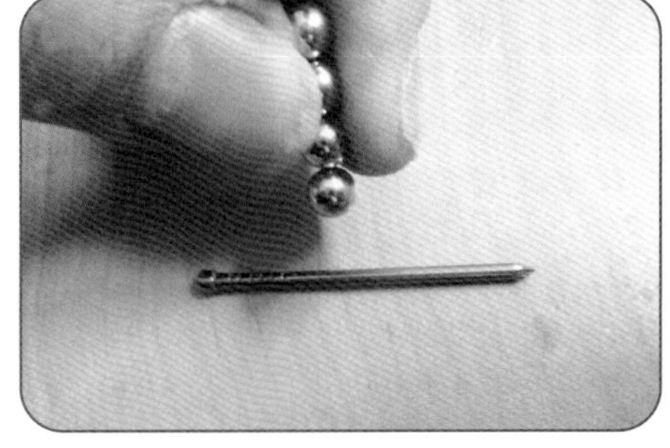

2. Stecke den Nagel in den Korken oder lege ihn auf das Blatt oder das Papier.

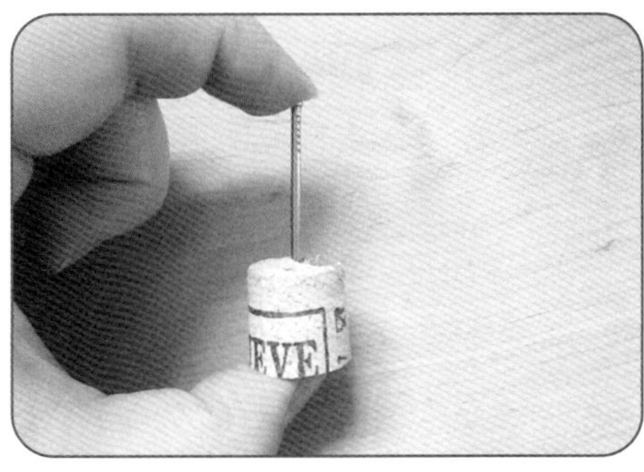

3. Lege den Nagel mit dem Korken/Papier in die Schüssel mit Wasser. Warte kurz, bis er stillsteht.
   Zeigt der Nagel nach Norden?
   Teste nun deinen Kompass und drehe die Schüssel. Oder gehe mit deinem Kompass in der Hand in unterschiedliche Richtungen.

Fotos: Dr. Silke Kerscher-Hack | ISBN 978-3-8346-3776-5 | www.verlagruhr.de

Unsere Erde – ein Magnet

Fülle die Lücken aus.

Unsere Erde ist ein riesengroßer .... Genau wie andere Magneten hat unsere Erde einen magnetischen .... - und Südpol. Allerdings liegt der magnetische Nordpol beim geografischen .... und umgekehrt. Das mag manchmal etwas verwirrend sein. Dank des Magneten der Erde finden Zugvögel im Winter in .... Gebiete. Auch Menschen nutzen diesen Magneten. Kompasse zeigen immer nach ....

 | ISBN 978-3-8346-3776-5 | www.verlagruhr.de

Mini-Einheit: Experimente zum Körper und zur Gesundheit***

Unsere DNA

Darum geht's – kindgerecht erklärt

Vielleicht hast du den Satz: „Das muss wohl in den Genen liegen" schon einmal gehört. Man sagt ihn z. B., wenn jemand ein besonderes Talent hat. Gene enthalten nicht nur die Informationen darüber, ob wir besonders schön Klavier spielen, rechnen oder gut zeichnen können. Auch die Informationen, wie wir aussehen, ob wir beispielsweise dunkle Haare, eine große Nase oder blaue Augen haben, sind in den Genen gespeichert. Diese Gene befinden sich auf der DNA. Ausgesprochen bedeutet dies „Desoxyribonukleinsäure". Da das doch etwas kompliziert ist, kürzt man einfach ab.

Was beim Versuch passiert

In diesem Versuch soll die DNA sichtbar gemacht werden. Dazu wird mit Salzwasser der Mund gespült, wodurch sich Zellen aus der Mundschleimhaut herauslösen. Dieses Gemisch wird in ein Glas mit Spülmittel gespuckt. Das Spülmittel zerstört die Zellen. Die DNA wird freigesetzt. Evtl. wird etwas Waschmittel hinzugegeben. Dies enthält bestimmte Enzyme, die Proteasen, die die störenden Eiweiße in der Spucke abbauen. Damit man die DNA sehen kann, benötigt man hochprozentigen Alkohol: Sobald die DNA in die Spiritus-Phase gelangt, flockt sie aus.

Wo das Phänomen vorkommt

Nicht nur Menschen haben eine DNA, sondern auch Pflanzen, Tiere und Bakterien.

Kompetenzerwartungen

Die Kinder verstehen, dass die DNA die komplette Erbgutinformation enthält.

Materialliste

- 2 kleine, saubere Gläser
- sauberes Trinkglas
- 2 Teelöffel Salz, 1 Teelöffel Spülmittel
- etwas Spiritus
- Holzstab
- evtl. Waschmittel
- Versuchsanleitung „DNA sichtbar machen" (S. 135/136)

Das bereiten Sie vor

Stellen Sie die Materialien bereit. Kopieren Sie die Versuchsanleitung pro Gruppe einmal.

Stundenverlauf

Einstieg (5 Minuten)

Lesen Sie den Text unter „Darum geht's" den Kindern vor.

Arbeitsphase (33 Minuten)

Teilen Sie Ihre Klasse in vier Gruppen und weisen Sie jedem Team einen Gruppentisch mit den benötigten Materialien zu. Teilen Sie die Versuchsanleitung aus.
Die Kinder arbeiten nun gemeinsam in den Gruppen weiter. Klären Sie während der Arbeitsphase die Fragen der Schüler und/oder unterstützen Sie die verschiedenen Gruppen aktiv bei der Durchführung des Versuchs.

Abschluss/Reflexion (7 Minuten)

Bilden Sie mit den Kindern einen Sitzkreis und besprechen Sie die Ergebnisse. Wo war bei diesem Versuch die DNA? Und wie sah diese aus? Erklären Sie den Schülern, dass auf diesem langen Faden, der DNA, die Gene gespeichert sind. Ähnlich einer großen Stadt, in der verschiedene Menschen wohnen. Weisen Sie die Kinder darauf hin, dass nicht nur Menschen, sondern auch Tiere und Pflanzen eine DNA haben.

DNA sichtbar machen (1/2)

Das braucht ihr:

- 2 kleine, saubere Gläser
- sauberes Trinkglas
- 2 Teelöffel Salz
- 1 Teelöffel Spülmittel
- etwas Spiritus
- Holzstab
- evtl. Waschmittel

So geht es:

1. Gebt in ein kleines Glas 1 Teelöffel Spülmittel und verrührt alles mit 3 Teelöffeln Wasser. Achtet darauf, dass die Lösung nicht schäumt. Wenn ihr wollt, könnt ihr ein paar Tropfen Waschmittel dazugeben.

2. Löst in dem anderen, größeren Glas, etwa 2 Teelöffel Salz in Wasser auf. Ein Kind aus eurer Gruppe spült nun mit dem Salzwasser 30 Sekunden lang seinen Mund. Dabei sollte sich so wenig Spucke wie möglich im Mund befinden.
Wenn die Zeit um ist, spuckt das Kind die Flüssigkeit vorsichtig in das Glas mit dem Spülmittel.

Fotos: Dr. Silke Kerscher-Hack | ISBN 978-3-8346-3776-5 | www.verlagruhr.de

DNA sichtbar machen (2/2)

3. Mischt alles so, dass sich möglichst kein Schaum bildet. Nun fügt euer Lehrer vorsichtig etwas Spiritus hinzu. Dazu hält er das Glas schief und lässt den Spiritus langsam an der Glaswand herunterrinnen.
Der Spiritus schwimmt oben auf dem Spülmittel-Spucke-Gemisch.

4. In der Spiritus-Phase bilden sich nach kurzer Zeit weiße Fäden.
Das ist die DNA. Versucht, diese mit einem Holzstab herauszufischen, und seht sie euch an.

Fotos: Dr. Silke Kerscher-Hack | ISBN 978-3-8346-3776-5 | www.verlagruhr.de

Unser Blut

Darum geht's – kindgerecht erklärt

Blut besteht aus Zellen und Plasma. Plasma ist eine Mischung aus Wasser und weiteren Substanzen. U. a. Vitamine, Salze (z. B. Kochsalz) sowie Stoffe, die für die Blutgerinnung wichtig sind. Blutplasma ist eine klare, gelbliche Flüssigkeit. Die rote Farbe erhält das Blut durch vielen roten Blutkörperchen. Das sind Zellen, die lebensnotwendigen Sauerstoff von der Lunge zu den Organen transportieren. Dort geben sie den Sauerstoff ab, nehmen Kohlendioxid auf und bringen diesen wieder zur Lunge. Rote Blutkörperchen sind rot, rund und in der Mitte etwas eingedellt. Deutlich weniger häufig sind weiße Blutkörperchen. Das sind farblose Zellen, die helfen, Krankheitserreger abzuwehren. Sie haben eine Art „Polizeifunktion". Fehlen nur noch die Blutplättchen. Das sind flache, unregelmäßig runde und dicke Zellen. Blutplättchen sind etwas häufiger als weiße Blutkörperchen, aber seltener als rote Blutkörperchen. Wichtig sind sie für die Blutgerinnung, z. B. wenn man sich in den Finger geschnitten hat.

Was beim Versuch passiert

Die Kinder stellen eine Art Modellblut her.

Wo das Phänomen vorkommt

Etwa 4-6 Liter Blut fließen in den Adern eines Erwachsenen.

Kompetenzerwartungen

Die Kinder entwickeln eine Vorstellung, aus was Blut besteht und welche Aufgaben die Bestandteile haben.

Materialliste pro Gruppe

- Schüssel oder großes Glas
- klein gehackte Mandeln, etwas Obst oder Eis
- weiße Schokoladenstückchen, Cranberrys
- Ahornsirup, Agavensirup oder Honig
- Versuchsanleitung „Blutbestandteile – ein Modell" (S. 138/139)

Das bereiten Sie vor

Stellen Sie die Materialien bereit. Kopieren Sie die Versuchsbeschreibung einmal pro Gruppe und das Arbeitsblatt einmal pro Kind.

Stundenverlauf

Einstieg (5 Minuten)

Erzählen Sie den Kindern, dass sie sich heute mit dem Thema „Blut" befassen. Fragen Sie sie, was Blut überhaupt ist und warum für uns Menschen Blut wichtig ist. Erklären Sie den Schülern, dass im Blut verschiedene Bestandteile enthalten sind, die alle unterschiedliche Aufgaben haben.

Arbeitsphase (30 Minuten)

Teilen Sie Ihre Klasse in 4er-Gruppen und weisen Sie jedem Team einen Gruppentisch mit den benötigten Materialien zu. Teilen Sie die Versuchsanleitung aus. Die Kinder arbeiten nun gemeinsam in den Gruppen weiter. Klären Sie während der Arbeitsphase die Fragen der Schüler und/oder unterstützen Sie die verschiedenen Gruppen aktiv bei der Durchführung des Versuchs.

Abschluss/Reflexion (10 Minuten)

Bilden Sie mit den Kindern einen Sitzkreis. Besprechen Sie kurz den Versuch. Teilen Sie anschließend das Arbeitsblatt aus und vervollständigen Sie dieses gemeinsam.

Lösung Arbeitsblatt

1. Blutplasma
2. Wasser
3. rote
4. transportieren
5. Blutkörperchen
6. Blut

Blutbestandteile – ein Modell (1/2)

Das braucht ihr:

- Schüssel oder großes Glas, zum Beispiel Teekanne
- klein gehackte Mandeln
- weiße Schokoladenstückchen
- Cranberrys oder rote Smarties
- Ahornsirup, Agavensirup oder Honig
- etwas Obst oder Eis

So geht es:

1. Als Erstes schüttet ihr fein gehackte Mandeln in die Schüssel. Und zwar so viele, dass der Boden gerade damit bedeckt ist. Das sind die Blutplättchen.

2. Anschließend gebt ihr weiße Schokolade hinzu, und zwar etwas weniger als gehackte Mandeln.
   Die Schokoladenstückchen stellen die weißen Blutkörperchen dar. Sie sind etwas größer als die Blutplättchen und kommen etwas seltener vor als diese.

Blutbestandteile – ein Modell (2/2)

3. Unser Blut enthält etwa 10-mal so viele rote Blutkörperchen wie weiße Blutkörperchen und Blutplättchen zusammen. Daher könnt ihr ruhig viele Cranberrys in das Glas geben. Allerdings sollte euch bewusst sein, dass rote Blutkörperchen gleich groß oder etwas kleiner sind als weiße Blutkörperchen. Cranberrys sind also etwas zu groß.

4. Das Blutplasma ist eine klare, gelbe Flüssigkeit – ähnlich wie der Ahorn- oder Agavensirup. Wenn ihr Honig verwendet, müsst ihr vorher noch einmal so viel Wasser wie Honig unterrühren, damit er flüssiger wird.
Auch im Sirup sind – ähnlich dem Blutplasma – verschiedene Stoffe gelöst. Gebt etwa die gleiche Menge Sirup in das Glas, wie „Blutzellen" bereits vorhanden sind.
Einmal umrühren und fertig ist euer Blut.

Tipp:
Es schmeckt sehr gut zu Obstsalat oder Eis.

Fotos: Dr. Silke Kerscher-Hack | ISBN 978-3-8346-3776-5 | www.verlagruhr.de

Unser Blut

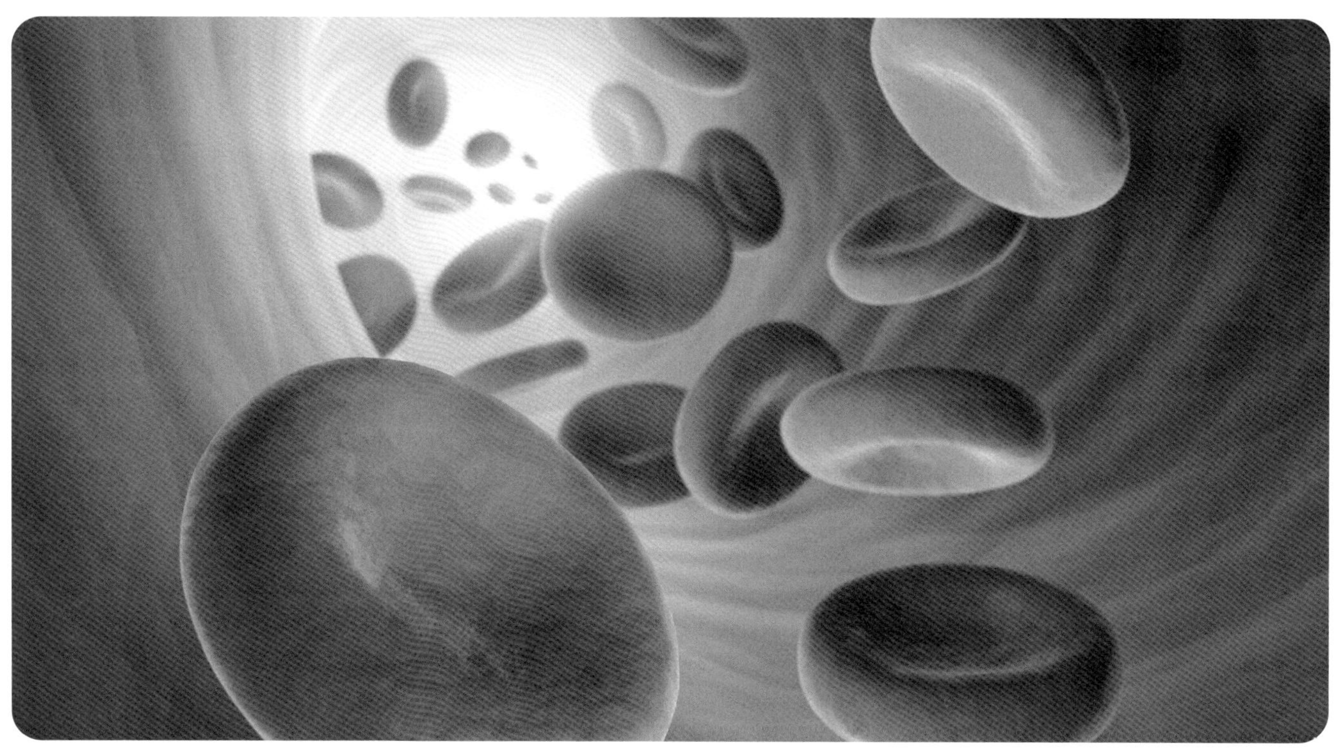

Fülle die Lücken aus.

Unser Blut besteht aus .... und Blutzellen.

Hauptbestandteil des Blutplasmas ist ....

Darin sind unter anderem Nährstoffe und Vitamine gelöst.

Zu den Blutzellen zählen .... und weiße Blutkörperchen sowie Blutplättchen. Rote Blutkörperchen .... Sauerstoff von der Lunge zu den Organen und Kohlendioxid von den Organen zur Lunge.

Weiße .... haben eine Polizeifunktion und helfen, Krankheitserreger abzuwehren. Blutplättchen sind wichtig, wenn man sich zum Beispiel das Knie aufgeschlagen hat.

Sie lassen das .... gerinnen.

Foto: © psdesign1 – Fotolia.com | ISBN 978-3-8346-3776-5 | www.verlagruhr.de

Unsere Lunge

Darum geht's – kindgerecht erklärt

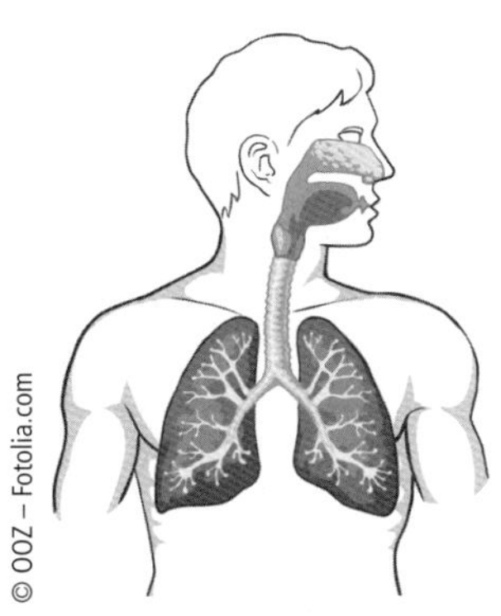
© OOZ – Fotolia.com

Das Zwerchfell liegt unterhalb der Lunge zwischen Brust- und Bauchhöhle. Beim Einatmen spannen wir das Zwerchfell an. Dadurch wird es nach unten gezogen, der Brustraum vergrößert sich und unsere beiden Lungenflügel dehnen sich aus. Luft strömt von außen in die Lungen. Bei der Ausatmung entspannt sich das Zwerchfell wieder. Es zieht sich zusammen, der Brustraum verkleinert sich und die Lungenflügel werden zusammengedrückt. Atemluft strömt aus der Lunge heraus.

Was beim Versuch passiert

Die Kinder basteln einen Modellbrustkorb: Die Flasche stellt den Brustkorb, der untere Ballon das Zwerchfell, die zwei Ballone in der Flasche die beiden Lungenflügel und die beiden Röhrchen die Luftröhre dar. Weisen Sie die Kinder darauf hin, dass Menschen (anders als beim Versuch) nur eine Luftröhre besitzen. Sobald die Kinder am unteren Ballon ziehen, füllen sich die Ballone in der Flasche mit Luft. Grund hierfür ist, dass der Raum in der Flasche größer wird, die Luftmasse sich aber nicht verändert. Es entsteht ein Unterdruck. Luft strömt von außen in die Flasche. Lassen die Kinder den unteren Ballon los, entspannt sich dieser. Der Raum verkleinert sich, die Luftmasse ändert sich aber nicht. Ein Überdruck entsteht und Luft wird aus den beiden Ballonen gedrückt.

Wo das Phänomen vorkommt

Bei der Atmung des Menschen.

Kompetenzerwartungen

Die Kinder verstehen (vereinfacht), wie die Bauchatmung funktioniert.

Materialliste pro Gruppe

- stabile Plastikflasche
- 2 leere Kugelschreiber-Minen
- 3 große Luftballons (ideal: rund)
- Schere, etwas Knete
- 2 Gummibänder
- Versuchsanleitung „Wie funktioniert das Atmen?" (S. 142/143)

Das bereiten Sie vor

Stellen Sie die Materialien bereit. Kopieren Sie die Versuchsanleitung einmal pro Gruppe.

Stundenverlauf

Einstieg (7 Minuten)

Die Kinder stellen sich an ihren Platz und verschränken die Arme hinter dem Rücken. Anschließend beobachten sie sich. Fällt ihnen auf, dass sich – auch wenn sie ganz ruhig stehen – immer noch ihr Brustkorb hebt und senkt? Atmen lässt sich nicht einfach abstellen. Doch warum ist Atmen so wichtig? Und wie funktioniert das überhaupt?

Arbeitsphase (28 Minuten)

Teilen Sie Ihre Klasse in vier Gruppen und weisen Sie jedem Team einen Gruppentisch mit den benötigten Materialien zu. Teilen Sie die Versuchsanleitung aus. Die Kinder arbeiten in den Gruppen weiter. Klären Sie die Fragen der Schüler und/oder unterstützen Sie sie bei der Durchführung.

Abschluss/Reflexion (10 Minuten)

Stellen Sie ein selbst gebautes Lungenmodell vor sich. Fragen Sie die Kinder, was der untere Ballon, die Flasche, die Röhrchen und die beiden Luftballone darstellen. Lassen Sie einen Schüler den äußeren Ballon nach unten ziehen. Können die Kinder erklären, was dabei passiert? Was passiert, wenn er diesen loslässt?

Wie funktioniert das Atmen? (1/2)

Das braucht ihr:

- stabile Plastikflasche
- 2 leere Kugelschreiber-Minen
- 3 große Luftballons (am besten rund)
- Schere
- etwas Knete
- 2 Gummibänder

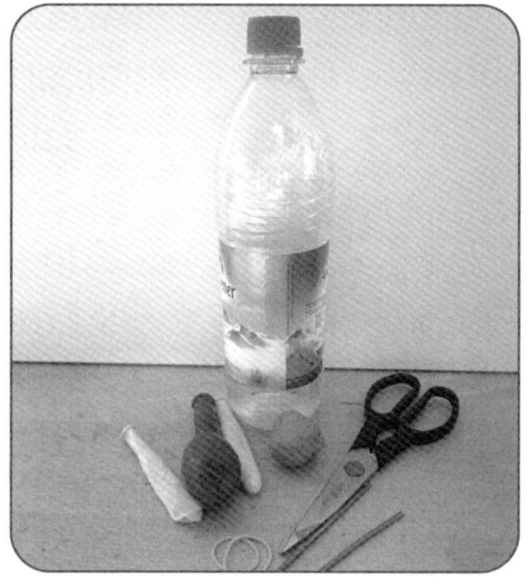

So geht es:

1. Schneidet die untere Hälfte der Plastikflasche mit einer Schere ab. Lasst euch eventuell von eurem Lehrer dabei helfen.

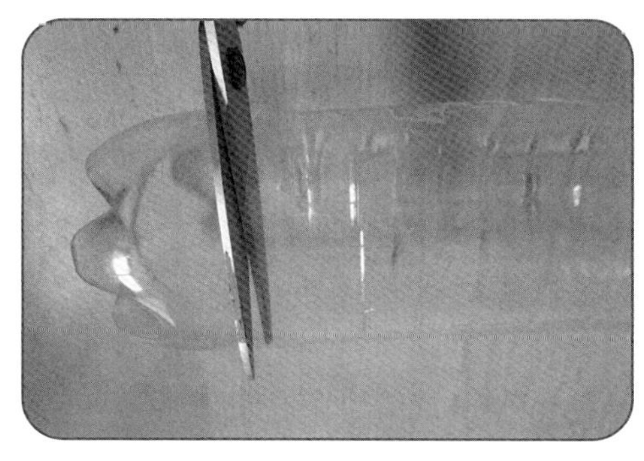

2. Schneidet die vorderen Enden der Kugelschreiberminen ab. Steckt nun eine Kugelschreibermine in den Luftballon und wickelt ein Gummiband um sie. Das Gummiband muss so fest gewickelt sein, dass der Luftballon nicht von der Mine rutscht und die Luft nur noch durch die Mine raus- und reinkann. Wiederholt diesen Schritt mit der anderen Mine.

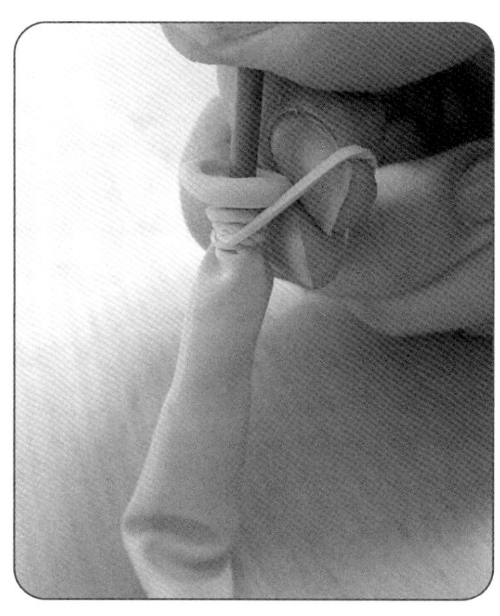

Fotos: Dr. Silke Kerscher-Hack | ISBN 978-3-8346-3776-5 | www.verlagruhr.de

Wie funktioniert das Atmen? (2/2)

3. Nun wickelt ihr etwas Knete um die beiden Kugelschreiberminen. Ein Kind drückt alles – am besten von unten – in den Hals der Flasche. Ein anderes Kind hält von oben dagegen. Die Knete sollte den Hals der Flasche luftdicht verschließen. Achtet darauf, dass beide Röhrchen oben aus der Öffnung herausschauen. Auch darf keine Knete in die Öffnungen der Minen gelangen.

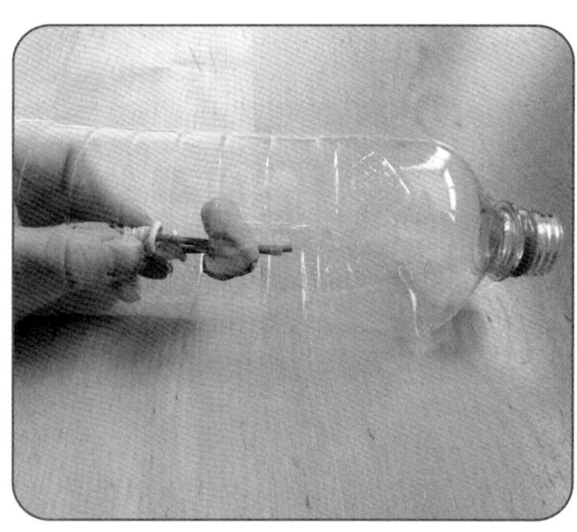

4. Schneidet vom letzten Ballon den Hals ab. Stülpt ihn unten über die abgeschnittene Flasche.

Tipp:
Sollte die Flasche knicken, schneidet ihr einfach etwas von dem Ballon ab.

5. Zieht nun abwechselnd an dem unteren Luftballon und lasst ihn wieder los. Seht ihr, wie sich die beiden Luftballone in der Flasche aufblähen und wieder zusammenziehen?

Fotos: Dr. Silke Kerscher-Hack | ISBN 978-3-8346-3776-5 | www.verlagruhr.de

Luft hat unterschiedlich viel Platz

Darum geht's – kindgerecht erklärt

Luft besteht aus sehr kleinen Teilchen, den Molekülen. Jedem Luftteilchen steht dabei ein bestimmter Platz zur Verfügung. Wenn Luftteilchen viel Platz haben, dann ist der Nachbar eines Luftteilchens sehr weit weg. Man sagt: der Luftdruck ist niedrig. Haben die Luftteilchen nur sehr wenig Platz, dann ist der Luftdruck sehr hoch. Dies ist beispielsweise bei einem aufgeblasenen Luftballon der Fall. In diesem stehen die Luftteilchen dicht gedrängt. Ihnen ist es eigentlich viel zu eng.
Daher drücken sie gegen die Wand des Luftballons.

Was beim Versuch passiert

Es wird ein Taucher gebaut. Im Taucher befindet sich Luft. Drückt man von oben auf die Flasche, verringert sich der Raum innerhalb der Flasche, die Menge an Wasser und Luft bleibt jedoch gleich. D. h., den Wasser- und Luftteilchen steht weniger Platz zur Verfügung.
Der Druck steigt. Dadurch wird auch die Luft im Inneren des Tauchers zusammengedrückt. Es entsteht Platz für ein bisschen Wasser, das in den Taucher fließt. Dadurch wird dieser schwerer und sinkt auf den Boden. Lässt man die Flasche wieder los, steht mehr Raum zur Verfügung als vorher. Die Menge an Wasser und Luft hat sich jedoch nicht verändert. Der Druck verringert sich. Die Luft breitet sich wieder aus und drückt das Wasser aus dem Taucher. Dieser wird leichter und steigt nach oben.

Wo das Phänomen vorkommt

Bei der Atmung des Menschen. Beim Wetter (Hoch- und Tiefdruckgebiete) sowie bei der Bremse im Auto (beim Treten auf das Bremspedal drückt die Bremsflüssigkeit an jedem Rad befindliche, fest stehende Reibbeläge an die sich drehende Bremsscheibe oder Bremstrommel).

Kompetenzerwartungen

Die Kinder verstehen, dass Luft Platz benötigt und sich der Druck erhöht, je weniger Platz die Luftteilchen haben. Nicht eingegangen wird auf die Wärmeausdehnung von Stoffen.

Materialliste

- große Plastikflasche mit Wasser
- Glas
- Strohhalm
- Gummiband
- etwas Knete
- mehrere Büroklammern
- Schere
- Versuchsanleitung „Der kartesische Taucher" (S. 146/147)

Sie brauchen zudem einen von Ihnen selbst gebauten oder gekauften kartesischen Taucher mit Flasche.

Das bereiten Sie vor

Stellen Sie die Materialien bereit. Kopieren Sie die Versuchsanleitung einmal pro Kind. Bauen Sie daheim einen kartesischen Taucher, den Sie dann ihren Schülern zeigen können. Alternativ können Sie auch einen kartesischen Taucher kaufen.

28. Luft hat unterschiedlich viel Platz

Stundenverlauf

Einstieg (10 Minuten)

Setzen Sie sich mit den Kindern in einen großen Kreis. Geben Sie eine Wasserflasche herum, in der sich ein kartesischer Taucher befindet. Lassen Sie die Kinder diesen ausprobieren. Haben die Kinder so etwas schon einmal gesehen?
Haben sie eine Vermutung, wie dieser funktioniert?
Die Funktionsweise können Sie wie folgt veranschaulichen: Ein paar Kinder stellen sich in die Mitte des Stuhlkreises. Jedes Kind sollte dabei viel Platz haben. Stellen sich die Kinder jedoch ganz eng zusammen, benötigen sie viel weniger Platz. Diesen Platz können dann andere Kinder einnehmen, dann wird es jedoch ziemlich eng.

Arbeitsphase (25 Minuten)

Weisen Sie jedem Kind die benötigten Materialien zu. Teilen Sie die Versuchsanleitung aus. Jedes Kind bastelt sich nun seinen eigenen kartesischen Taucher, den es anschließend in der Plastikflasche ausprobieren kann. Klären Sie während der Arbeitsphase die Fragen der Schüler und/oder unterstützen Sie die Kinder aktiv bei der Durchführung des Versuchs.

Abschluss/Reflexion (10 Minuten)

Bilden Sie mit den Kindern einen Sitzkreis. Jedes Kind darf seinen kartesischen Taucher vorzeigen. Wissen die Kinder noch, wie dieser funktioniert? Sollten Sie in der Stunde zuvor das Experiment zur Atmung behandelt haben, können Sie kurz darauf verweisen.

© euthymia – Fotolia.com

Der kartesische Taucher (1/2)

Das brauchst du:
- große Plastikflasche mit Wasser
- Glas
- Strohhalm
- Gummiband
- etwas Knete
- mehrere Büroklammern
- Schere

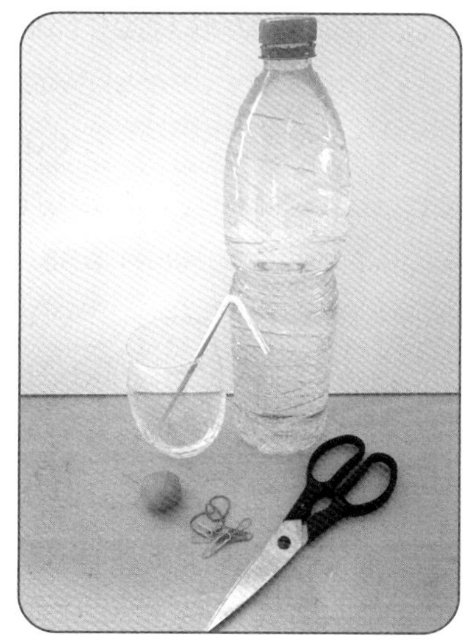

So geht es:

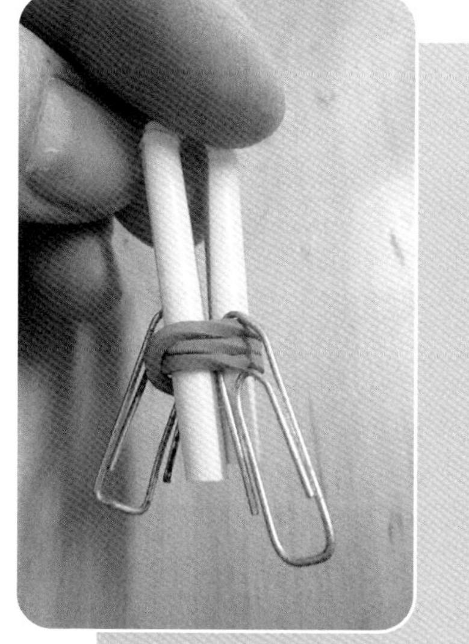

1. Knicke den Strohhalm vorne ab und schneide den längeren Teil so ab, dass beide Teile gleich lang sind. Verbinde beide Enden mit dem Gummiband und stecke 2 Büroklammern auf das Gummiband.

   Alternative: Schneide ein Stück vom Strohhalm ab, verschließe das obere Loch mit etwas Knete und wickele etwas Knete unten um den Strohhalm.

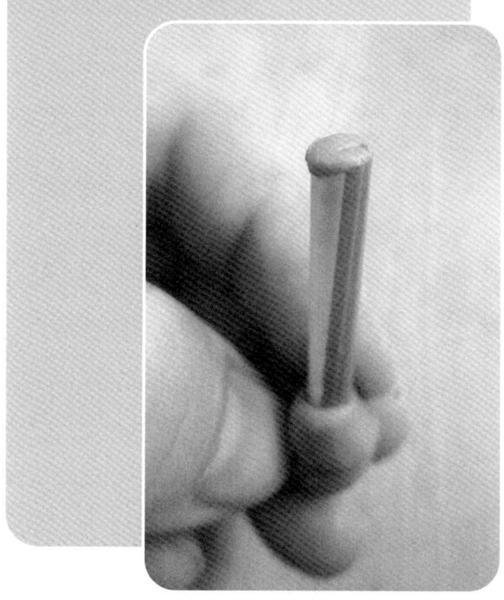

Fotos: Dr. Silke Kerscher-Hack | ISBN 978-3-8346-3776-5 | www.verlagruhr.de

Der kartesische Taucher (2/2)

2. Fülle in das Glas etwas Wasser und überprüfe immer wieder deinen Taucher. Er sollte aufrecht im Wasser stehen und gerade noch schwimmen. Geht er unter, musst du Büroklammern/Knete wegnehmen. Liegt er im Wasser, musst du noch Knete oder Büroklammern hinzufügen. Auch wenn das Gewicht zu einseitig verteilt ist, fällt der Taucher um. Dann musst du die Büroklammern oder die Knete gleichmäßiger verteilen.

3. Fülle die Plastikflasche bis oben hin mit Wasser. Wichtig: Sie muss ganz voll sein! Gib nun deinen Taucher in die Flasche und verschließe die Flasche mit dem Deckel. Schau, was passiert, wenn du auf die Flasche drückst und wieder loslässt.

Tipp:
Probiere auch die Köpfe von Streichhölzern aus. Auch deine Tintenpatrone, kleine Parfumfläschchen oder ein mit Luft und Wasser gefüllter, kleiner Luftballon sind geeignet. Tintenpatrone, Luftballon oder Parfumfläschchen musst du allerdings mit Büroklammern oder Ähnlichem beschweren.

Fotos: Dr. Silke Kerscher-Hack | ISBN 978-3-8346-3776-5 | www.verlagruhr.de

Unser Ohr

Darum geht's – kindgerecht erklärt

Unser Ohr funktioniert über Schallwellen. Trifft Schall auf unser Trommelfell, hören wir etwas. Schall ist eine Art Welle – ähnlich einer richtigen Welle, nur dass sich Schall in der Luft ausbreitet. So kann man sich das vorstellen: Fällt ein Stein ins Wasser, sieht man Wellen, die sich kreisförmig um den Stein ausbreiten. Ähnlich funktioniert das in der Luft. Luft besteht aus vielen, winzigen Teilchen. Pustet man z. B. in eine Flöte, wird das vorderste Luftteilchen der Flöte angeschubst und bewegt sich etwas vorwärts. Da die Luftteilchen dicht beeinanderstehen, kommt das Luftteilchen nicht weit, sondern nur bis zum nächsten Teilchen, das es wiederum anschubst. So geht es weiter, bis der Schall auf unser Ohr trifft.

Was beim Versuch passiert

Sobald die Kinder auf den Topf schlagen, entstehen Schallwellen. Diese breiten sich nach allen Seiten aus – also auch im Wasser. Wellen entstehen. Doch wie breitet sich Schall aus? Verdeutlichen kann man dies mithilfe von drei hintereinanderliegenden und einer einzelnen Murmel. Die einzelne Murmel stellt die Schallquelle dar. Diese stößt die erste Murmel der Reihe an, diese Murmel schubst die zweite, die zweite die dritte und die dritte die vierte Murmel an. Beim Versuch mit der Klo- bzw. Küchenrolle werden Schallwellen so verdichtet, dass man sie spüren oder mit ihnen eine Kerze auspusten kann. Kein Wunder, müssen sie sich doch alle durch ein kleines Loch quetschen. Der letzte Versuch verdeutlicht die Funktionsweise des Ohrs: Treffen Schallwellen auf das Trommelfell, schwingt dieses und überträgt die Bewegung auf das Innenohr. In diesem befindet sich eine Flüssigkeit. Bewegt sich diese, registrieren das die Zellen.

Wo das Phänomen vorkommt

Tiere und Menschen hören mittels Schallwellen.

Kompetenzerwartungen

Die Kinder verstehen, was Schallwellen sind, wie sich diese ausbreiten und was sie im Ohr bewirken.

Materialliste

- Topf mit Wasser
- Löffel, Luftballon, Schere
- 4 Murmeln
- Klo- oder Küchenpapierrolle
- Teelicht mit Zündhölzern
- etwas Klarsicht- und Alufolie, 2 Gummibänder
- Versuchsanleitung „Wer schubst da?" (S. 149/150)

Das bereiten Sie vor

Stellen Sie die Materialien bereit. Kopieren Sie die Versuchsanleitung einmal pro Gruppe.

Stundenverlauf

Einstieg (5 Minuten)

Stellen Sie sich vor die Klasse und klatschen Sie 2-mal in die Hände. Fragen Sie die Kinder, ob sie das gehört haben. Haben die Kinder eine Erklärung, wie der Klatschton durch die Luft an ihre Ohren gelangt ist? Drehen Sie sich um und wiederholen Sie das Experiment. Haben die Kinder Sie gehört? Anscheinend funktioniert die Ausbreitung in alle Richtungen.

Arbeitsphase (35 Minuten)

Teilen Sie Ihre Klasse in 4er-Gruppen und weisen Sie jedem Team einen Gruppentisch mit den benötigten Materialien zu. Teilen Sie die Versuchsanleitung aus. Die Kinder arbeiten nun gemeinsam in den Gruppen weiter. Klären Sie während der Arbeitsphase die Fragen der Schüler und/oder unterstützen Sie die verschiedenen Gruppen aktiv bei der Durchführung des Versuchs.

Abschluss/Reflexion (5 Minuten)

Bilden Sie mit den Kindern einen Sitzkreis und besprechen Sie die Versuchsergebnisse. Erinnern Sie die Kinder an den Versuch vom Stundenanfang. Können die Kinder nun erklären, wie der Klatschton in ihr Ohr gelangt ist?

Wer schubst da? (1/2)

Das braucht ihr:

- Topf mit Wasser
- Löffel
- 4 Murmeln
- Klo- oder Küchenpapierrolle
- Luftballon
- Schere
- Teelicht mit Zündhölzern
- etwas Klarsicht- und Alufolie
- 2 Gummibänder

So geht es:

1. Füllt einen kleinen Topf mit Wasser und schlagt mit dem Löffel gegen diesen. Könnt ihr die Wellen sehen? Haltet die Hände an den Topf und wiederholt den Versuch. Spürt ihr etwas?

2. Legt 3 Murmeln hintereinander. Rollt nun die vierte Murmel gegen die erste.

Tipp:
Am besten funktioniert es in einer Rille.

Fotos: Dr. Silke Kerscher-Hack | ISBN 978-3-8346-3776-5 | www.verlagruhr.de

Wer schubst da? (2/2)

3. Schneidet von der Alu- und Klarsichtfolie ein Stück ab. Befestigt mit dem Gummiband die Alufolie auf der einen und die Klarsichtfolie auf der anderen Seite der Rolle. Beide Folien sollten straff sitzen. Stecht mit der Schere ein kleines Loch in die Alufolie.

4. Zündet eine Kerze an und haltet die Seite mit der Alufolie in die Nähe der Flamme. Passt aber auf, dass ihr der Flamme nicht zu nahe kommt. Schlagt mit 2 Fingern auf das andere Ende. Bringt ihr die Kerze zum Erlöschen? Was passiert, wenn ihr die Alufolie entfernt und den Versuch wiederholt?

5. Schneidet vom Luftballon den Hals ab. Stecht ein kleines Loch hinein und fädelt ein Streichholz hindurch.

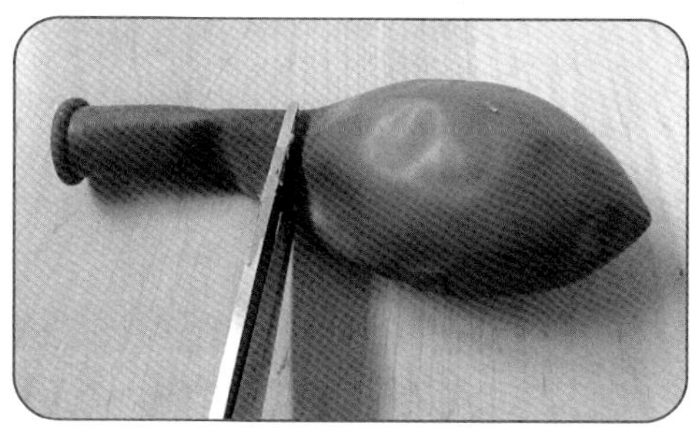

6. Spannt den Luftballon auf das untere Ende der Rolle. Haltet das Streichholz mit der Spitze in das Wasser und klopft oben mit 1–2 Fingern auf die Rolle. Was seht ihr?

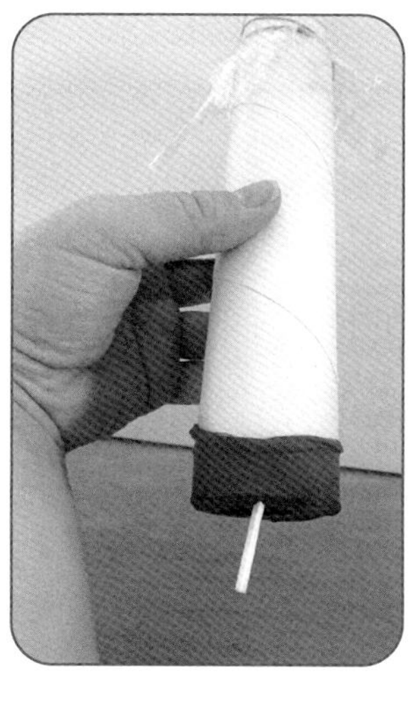

Fotos: Dr. Silke Kerscher-Hack | ISBN 978-3-8346-3776-5 | www.verlagruhr.de

So helfen Medikamente

Darum geht's – kindgerecht erklärt

Es gibt eine Vielzahl von Medikamenten, die bei den unterschiedlichsten Erkrankungen eingesetzt werden. Wer Husten hat, lutscht Hustenbonbons oder schluckt Hustensaft. Bei Kopfschmerzen hilft eine Schmerztablette und bei Fieber ein Fieberzäpfchen. Manche Medikamente werden nur auf der Haut aufgetragen und wirken nur dort. Andere werden geschluckt und wirken im ganzen Körper. Ein Beispiel für solche Arzneimittel sind Hustensäfte. Eingenommen werden diese, um quälenden Husten zu lindern oder diesen zu lockern. Der Thymiansirup beispielsweise ist ein Hausmittel, das bei Husten eingesetzt wird. Die ätherischen Öle im Thymian lösen festsitzenden Schleim aus den Atemwegen. Honig und eine Vitamin-C-reiche Zitrone helfen ebenfalls bei Erkältung. Denn Vitamin C stärkt die Immunabwehr. Für kleine Kinder ist Honig allerdings nicht geeignet.

Was beim Versuch passiert

Die Kinder stellen ein Hausmittel gegen Husten her.

Wo das Phänomen vorkommt

Thymiansirup ist ein Hausmittel, das bei Husten eingesetzt wird.

Kompetenzerwartungen

Die Kinder bekommen einen Einblick in die Welt der Arzneimittel.

Materialliste pro Gruppe

- Topf mit Kochlöffel
- Zitronenpresse, Messbecher
- Sieb mit Geschirrtuch, Löffel
- ausgekochtes Marmeladenglas
- Bund Thymian, Zitrone
- 250 g Honig (etwa 10 Esslöffel)
- evtl. ein Messer
- Versuchsanleitung „Thymiansirup selbst gemacht" (S. 152)

Der Lehrer benötigt zusätzlich Kochplatten bzw. einen Wasserkocher.

Das bereiten Sie vor

Stellen Sie die Materialien bereit. Kopieren Sie die Versuchsanleitung einmal pro Gruppe.

Stundenverlauf

Einstieg (5–10 Minuten)

Erzählen Sie den Kindern, dass sie sich heute mit dem Thema Medikamente beschäftigen. Fragen Sie die Kinder, was für Arzneimittel sie kennen. Wissen sie auch, gegen welche Beschwerden man diese einnimmt? Achten Sie dabei darauf, dass Wörter wie Tee, Salben, Tabletten, Zäpfchen, Saft (evtl. auch Inhalieren) fallen.

Arbeitsphase (30–35 Minuten)

Teilen Sie Ihre Klasse in zwei Gruppen und weisen Sie jedem Team einen Gruppentisch mit den benötigten Materialien zu. Teilen Sie die Versuchsanleitung aus. Die Kinder arbeiten nun in den Gruppen weiter. Klären Sie die Fragen der Schüler und/oder unterstützen Sie die verschiedenen Gruppen aktiv bei der Durchführung des Versuchs.

Abschluss/Reflexion (5 Minuten)

Bilden Sie mit den Kindern einen Sitzkreis und stellen Sie den selbst hergestellten Thymiansirup in die Mitte. Fragen Sie die Kinder, wie sie den Saft hergestellt haben. Überlegen Sie gemeinsam, welcher Inhaltsstoff gegen welche Beschwerden hilft.

Thymiansirup selbst gemacht

Das braucht ihr:
- Topf mit Kochlöffel
- Zitronenpresse, Messbecher
- Sieb mit Geschirrtuch, Löffel
- ausgekochtes Marmeladenglas
- Bund Thymian, Zitrone
- 250 g Honig (etwa 10 Esslöffel)
- eventuell ein Messer

So geht es:

1. Euer Lehrer kocht zuerst 250 ml Wasser für euch auf. Gebt dann unter Aufsicht eures Lehrers den gewaschenen Thymian hinein und lasst alles etwa 15 bis 30 Minuten ziehen.

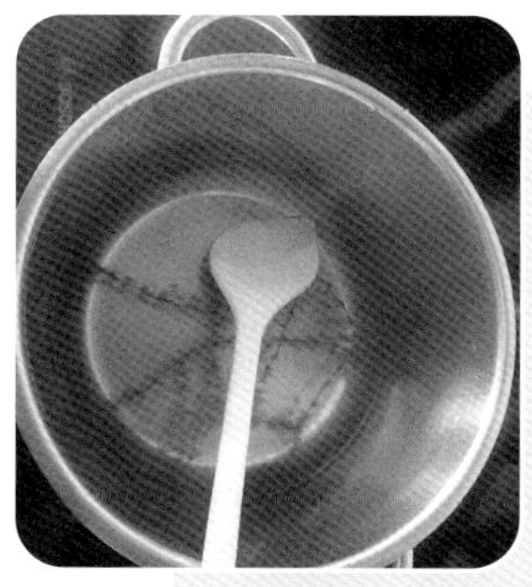

2. Presst die Zitrone aus und gebt den Saft zum Thymian-Wasser-Gemisch.

3. Nehmt das Sieb und legt es mit einem Geschirrtuch aus. Stellt das Sieb auf eine Schüssel und gießt das Thymian-Wasser-Gemisch hinein.

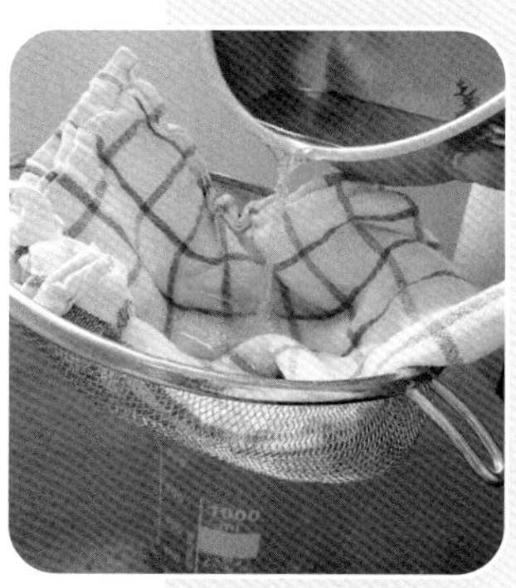

4. Zum Schluss gebt ihr den Honig hinzu und rührt noch einmal um, sodass sich der Honig auflöst. Nun könnt ihr alles in ein ausgekochtes Marmeladenglas füllen. Beschriftet anschließend das Glas: Thymiansirup steht ganz oben. Listet darunter die Inhaltsstoffe auf. Schreibt ebenfalls, wer den Sirup gemacht hat, wann er gemacht wurde und dass er eine Woche im Kühlschrank haltbar ist.

Fotos: Dr. Silke Kerscher-Hack | ISBN 978-3-8346-3776-5 | www.verlagruhr.de